Bewahre deine Mitte

Joan Borysenko

Bewahre deine Mitte

Der weibliche Weg zu einem aktiven Leben, ohne sich selbst zu verlieren

Aus dem Englischen übersetzt
von Juliane Molitor.

Integral

Die amerikanische Originalausgabe erschien 2003 unter dem Titel »Inner Peace for Busy Women« im Verlag Hay House, Inc., Kalifornien, USA.

Das vorliegende Buch ist sorgfältig recherchiert worden. Dennoch erfolgen alle Angaben ohne Gewähr. Weder Autorin noch Verlag können für eventuelle Nachteile oder Schäden, die aus den im Buch gemachten praktischen Hinweisen resultieren, eine Haftung übernehmen.

1. Auflage 2004

Integral Verlag
Integral ist ein Verlag der Verlagsgruppe
Random House GmbH

ISBN 3-7787-9133-8

Einbandgestaltung: HildenDesign, München – Andrea Barth
Gesetzt aus der Minion bei Leingärtner, Nabburg
Druck und Bindung: GGP Media, Pößneck

Für Janet Quinn
Ich bin so dankbar für diese Freundin.

Inhalt

Teil 1

Sehen Sie Ihr geschäftiges Leben im rechten Licht

Teil 2

Emotionale Freiheit

Teil 3

Wieder zu sich selbst kommen

Teil 4

Auf den Boden kommen –
Praktische Notwendigkeiten

Teil 5

Der Kern der Sache

Vorwort

Die Gefahr bei Büchern über inneres Gleichgewicht ist, dass man sich schlecht fühlt, wenn man sie liest. Sie schlagen eines dieser Bücher von Frau Dr. Perfekt auf, oder noch besser von Frau Dr. Ich-war- ein-Chaot-aber-jetzt-bin-ich-perfekt, und denken: »Wenn die das kann, warum kann ich es nicht? Bin ich eigentlich der einzige Mensch, der am liebsten alles hinschmeißen und weglaufen würde?«

Wenn ich etwas ganz sicher weiß, dann das: Das Leben einer Superfrau ist hart. Obwohl sie ihr Bestes geben, um beruflich erfolgreich zu sein, ihre Familie glücklich zu machen, ein reiches spirituelles Leben zu führen und ihren Beitrag für eine bessere Welt zu leisten, tragen viele Superfrauen eine Menge unausgesprochenes Leid mit sich herum. Das ist eine Tatsache, auch wenn wir zu der Generation von Frauen gehören (die nach 1940 geborenen Frauen und ihre Töchter), denen es angeblich endlich gelungen ist, alles zu haben. Den Frauen, die zwei oder drei Jobs annehmen müssen, um ihre Kinder durchzubringen, und die immer noch kaum über die Runden kommen, wird ein Buch wie dieses wohl kaum weiterhelfen, weil es einfach nicht die ganze Vielfalt ihrer Probleme ansprechen kann.

Als ich mich hingesetzt habe, um es zu schreiben, beschloss ich, meinem Herzen freien Lauf zu lassen. Das Ergebnis war das folgende Gedicht. Ich habe es zunächst an die Leute geschickt, die meinen monatlichen Online-Newsletter[1] abboniert haben. Die Tatsache, dass es offenbar eine Saite in den Leserinnen zum Klingen brachte, machte mir Mut. Eine Mutter gab es an ihre beiden erwachsenen Kinder weiter und druckte noch eine Version aus, um sie für ein jüngeres Kind aufzubewahren. »Genau so war es für mich«, schrieb sie in dem Brief an ihre Kinder. »Vielleicht versteht ihr jetzt besser, welche Wahlmöglichkeiten ich hatte und welchen Preis ich für meine Entscheidungen bezahlt habe.«

Wenn Sie eine junge Frau sind und erst am Beginn Ihrer Karriere als Jongleur mit den Bällen Familie, Beruf und Seelenleben stehen, kennen Sie vielleicht eines dieser Bücher zum Thema »Was Sie erwartet, wenn Sie ein Kind erwarten«. Das Gedicht, das Sie gleich lesen werden, handelt von dem, was Sie im Laufe der Jahre erwarten wird, vorausgesetzt, Sie fangen nicht gleich an, sich um Ihr inneres Gleichgewicht zu kümmern. Das Leben mag hart sein, aber gerade die schwierigen Stücke bilden den Boden, auf dem Ihre Weisheit letztlich wachsen und gedeihen wird. Dieses Gedicht ist für Sie und ich hoffe, dass Sie eines Tages eines für Ihre Töchter schreiben können, in dem von einem graziöseren Balanceakt die Rede ist.

EINE FRAU SAGT DIE WAHRHEIT

Die Kinder sind erwachsen und längst ausgezogen.
Aber Unsere Liebe Frau von der Ewigen Schuld
wohnt immer noch bei mir,
ein ungeladener Gast,
der nicht genug Manieren hat,
seine Sachen zu packen und zu gehen.

Such dir einen reichen Mann, hat meine Mutter –
sie war »nur« Hausfrau – mir beigebracht.
Du hast das Zeug dazu. Du bist hübsch und klug.
Aber nein, ich wollte ein anderes Leben führen,
das emanzipierte Leben einer modernen Superfrau.
Bloß nicht wie Mutter werden, die in ihrer
Fünfziger-Jahre-Schürze
im mit Teig verklebten Dr. Oetker Backbuch liest:
»Ein wohlgelungenes Gebäck aus der eigenen Küche
ist der Stolz jeder Hausfrau und eine Freude
für Angehörige und Gäste.«

Mutter hat tolle Plätzchen gebacken
und umwerfenden Schokoladenkuchen,
während ihr Herzblut ins Stocken kam und sie
diese kleinen Helferchen schluckte,
die den Schmerz über nicht erfüllte Träume
und undankbare Kinder in Grenzen hielten,
damit er nicht explodierte
wie eine Handgranate.

Wie konnte sie das nur für mich wollen?
Ich wollte mehr. Ich wollte alles.
Eine glänzende Kariere auf einem faszinierenden Gebiet,
einen liebenden Ehemann und ständig tollen Sex,
hochmusikalische Kinder, Mathegenies,
die perfekt Französisch sprechen und später
Princeton-Diplome in Astrophysik abstauben
oder gefeierte Gehirnchirurgen
mit Yale-Promotion werden sollten.

Ich wollte die Welt retten,
noch in diesem Leben Erleuchtung erlangen,
nebenbei Gourmet-Mahlzeiten improvisieren,
mir einen superknackigen Po antrainieren, Yoga üben,
mein extravagantes Designerhaus einrichten
und den Weltfrieden sichern.

Die Wirklichkeit sah etwas anders aus.
Die Kinder wollten keine Termine für Familienaktivitäten.
Sie wollten einfach Zeit mit uns. Jederzeit. Und basta.
Liebend gern hätten sie ein Zimmer voller Spielsachen
gegen die Möglichkeit getauscht, mich morgens
im mit Ei bekleckerten Nachthemd
Zeitung lesen zu sehen.

Sie schrieen, als würden sie von Außerirdischen entführt,
wenn ich sie in ihrem Horror-Hort abliefern wollte.
Verzweifelt klammerten sie sich an meine Beine
und winselten um Gnade
während dicke heiße Tränen
über ihre engelsgleichen Wangen rollten.

*Es brach mir das Herz, aber ich hoffte,
der Hort würde ihren Charakter stärken
und ihnen Durchhaltevermögen geben.
Ich bekam Herzschmerzen, Muskelverspannungen und
Schuldgefühle.
Außerdem Laufmaschen in den Strumpfhosen
und die Spuren klebriger kleiner Bananenbreifinger,
wie sie die Arbeitskleidung so viele
emanzipierter Mütter zierten.*

*Ich schwor, alles besser zu machen.
Gleich nachdem ich ausgeschlafen hatte.
Also irgendwann im nächsten Jahrhundert.
Mein Gatte meinte, Sex sei doch wieder mal nett.
Klar doch, in ein paar Minuten,
wenn ich hier fertig bin.
Schnell noch mal die Liste durchgehen:
Kinder ins Bett bringen.
Ihre Ängste anhören, dafür sorgen, dass sie schön träumen.
Anregende Geschichten vorlesen. Ihnen zeigen,
wie man meditiert. Beten.
Justin in den Schlaf singen.
Andrei den Rücken massieren, bis er eingeschlafen ist.
Wäsche waschen. Das Klo putzen,
bevor jemand vom Gesundheitsamt kommt.
Katzendreck vom Waschküchenboden entfernen.
SCHON WIEDER!
Verdammte Katze! Beten, dass heute Nacht ein
tief fliegender Habicht
mal kurz runtersaust und das niedliche Haustier frisst.
Stopp! Das war jetzt nicht nett.*

Aufschreiben: Morgen Katze bürsten.
Medizin gegen Haarbälle besorgen.
Termin beim Tierarzt machen.

Mutter anrufen, SOFORT. Mutter anrufen, VORGESTERN!
Sie beginnt das Gespräch mit einer langen Pause.
Es dauert ewig – und dann: »Oh, du bist es? Ich dachte schon,
du wärst tot.«
»Wäre vielleicht die einzige Möglichkeit, ein bisschen Ruhe zu
finden«, erwidere ich.
Das ist nicht witzig. Wahrscheinlich hat sie gedacht,
ich liege hier im Kurbad
und rufe sie nicht an, weil ich gerade Trauben esse,
massiert werde
oder darauf warte, dass mein Nagellack trocknet.

Zeit fürs Bett. Wecker auf Punkt fünf stellen.
Muss joggen, bevor die Kinder aufstehen.
Muss in Form bleiben,
damit mein Mann mich attraktiv findet.
Wenn er mich überhaupt findet. Er schläft, Gott sei Dank.
Damit wäre das Sex-Problem für heute Nacht gelöst.
Ich renne fast fünf Kilometer, bevor die Sonne aufgeht,
wecke die Kinder, mache Frühstück
und packe ihnen ein biologisch-dynamisches Pausenbrot ein.
Sie heulen vor Entrüstung, wollen Milchschnitte
und Toastbrot wie ihre Freunde,
die mit den »richtigen Müttern«,
die Besseres zu tun haben,
als zähes braunes Brot aus Sojamehl
und Weizenkeimen zu backen.

Dann wieder der tägliche Hort-Horror.
Wird es Mutter diesmal gelingen,
einen sauberen Abgang zu machen,
während die Kinder gerade abgelenkt sind?
Das wäre ein Punkt für sie.
Oder artet es wieder in Wadenklammern mit anschließendem Herzschmerz aus?
Das sind zwei Punkte für Unsere Liebe Frau
von der Ewigen Schuld,
jene schreckliche Mischung aus echter und eingebildeter Kritik
von allen perfekten Müttern, die je gelebt haben.
Sie hat schnell genügend Punkte zusammen –
und bald ist klar:
Wir brauchen eine Kinderfrau,
selbst wenn ich nachts putzen gehen muss,
um sie bezahlen zu können.

Die Kinderfrau kommt zu uns ins Haus.
Sie ist diplomierte Expertin für frühkindliche Entwicklung
und verdient unterm Strich mehr als ich.
Aber sie ist definitiv übergeschnappt und
braucht dringend Hilfe.
Jeden Abend, wenn ich von der Arbeit nach Hause komme,
muss ich sie mindestens eine halbe Stunde lang
intensiv psychotherapieren
und so verhindern, dass sie in der Klapsmühle landet.
Ich frage mich, wer da eigentlich für wen arbeitet.
Ich würde sie so gern feuern, aber sie ist besser
als der Horror-Hort, oder etwa nicht?
Ich bin erleichtert, als sie kündigt,
aber ich heule trotzdem.

Ich nehme mir frei für Fußballspiele
und Schultheatervorstellungen,
für Saxophonaufführungen und Ringwettkämpfe,
für Lauftreffs und Arzttermine
Freizeit ist geborgte Zeit und muss mit Wucherzinsen
zurückbezahlt werden.
Um diese Stunden zu bezahlen, robbe ich auf dem Zahnfleisch
und arbeite bis Mitternacht oder an den Wochenenden,
jenen »arbeitsfreien« Tagen, an denen alles besorgt,
geputzt, gekocht
und mit den Kindern gemacht werden muss,
wofür die ganze Woche keine Zeit war.

Die Wochenenden sind voll von jenen wertvollen Momenten,
die auf Knien verbracht werden und mit dem Aufsammeln
von Staubwolken,
in denen sich Generationen von Spinnmilben
eingenistet haben.
Und meist wird diese Hausfrauenarbeit weder gesehen
noch gewürdigt.
»Bist du ein Workaholic oder was?«, beschwert sich mein Mann.
Er trägt Freizeitkleidung, schlürft ein Bierchen
und schnippelt an seiner Bonsai-Sammlung.
Mordgelüste oder zumindest Visionen von ihm
als Hausmädchen mit Schürze und Häubchen
in Diensten eines zwanghaften Männchens
mit gezwirbeltem Schnurrbart,
Ziegenbärtchen und einer langen Agenda
wandern durch mein eben noch ach so mitfühlendes Herz.
Ich atme tief durch und sage lächelnd:
»Nein, nur eine berufstätige Mutter.«

Niemand hat mir gesagt, dass es so sein würde.
Niemand hat es gewusst. Oder nur wenige.
Und von denen wollte es keiner zugeben.
Das zu tun wäre politisch inkorrekt gewesen.
Wir waren emanzipiert und waren es gern, oder etwa nicht?
Sämtliche Gesundheitsgurus erzählten uns, dass wir ein Leben
in Harmonie führen sollten.
Wahrscheinlich sollte das verhindern, dass das ganze
Kartenhaus zusammenfiel
und einen unter sich begrub.
Obwohl, zur Not ist mitten im Trubel in Ohnmacht zu fallen
auch eine gute Möglichkeit, zur Ruhe zu kommen.
Und mittlerweile geht das Leben weiter und du gibst dein Bestes.

Als die Jungs noch klein sind,
arbeite ich hart für die Wissenschaft
und bin einer von den Kerls. Ein Kerl mit Eisprüngen.
Ein Kerl mit PMS, der ab und zu mal schwanger wird.
Aber das ist alles unsichtbar oder jedenfalls nicht das,
worum es wirklich geht, nämlich der Wissenschaft zu dienen,
Stipendien zu bekommen, in Wettbewerb mit andern zu treten,
das Labor zu erweitern, führend auf dem Gebiet zu werden,
auf Kongressen zu glänzen, Medizinstudenten zu unterrichten
und andere spannende Aufgaben an vorderster Front
zu übernehmen,
zum Beispiel im Bibliothekskomitee,
wo ich das dekorativste Mitglied bin,
wie mir das liebenswert väterliche Professorchen
mit den Soßenflecken
auf der blauen Fliege und dem scheuen,
aber lüsternen Grinsen versichert.

Sechs Tage nach der Geburt meines ersten Sohnes, Justin,
arbeite ich schon wieder.
Ich kann mir keine Schwäche erlauben,
kann nicht um Sonderbehandlung bitten.
Sie würden denken, dass ich nur die zweite Geige
spielen kann, eine Nebenrolle.
Dafür habe ich nun wirklich keine zwölf Semester
studiert und promoviert.
Meine Mutter engagiert eine Kinderschwester,
die sich im ersten Monat um Justin kümmern soll.
Ich fühle mich, als hätte ich ihn zur Adoption freigegeben.
Schwester Schreckschraube erlaubt mir kaum,
das Baby auf den Arm zu nehmen,
wenn ich nach Hause komme.
Ich könnte ihn stören. Stillen? Lächerlich! Ich arbeite.
Er bekommt die Flasche und meine mütterliche
Unbrauchbarkeit ist besiegelt.
Ich weiß es nicht besser. Ich kenne keine andere Frau,
die das gemacht hat.
Im Labor ziehe ich mich in die Dunkelkammer zurück,
um elektronenmikroskopische Aufnahmen zu entwickeln
und weine in der Abgeschiedenheit dieser sumpfigen,
nach Chemikalien riechenden Nacht.

Justins »Di«, der Teddybär, ohne den er nicht leben kann,
wird vom eisernen Willen einer Tagesmutter
in den Mülleimer befördert,
weil sie es satt hat, dass er den Bären in ihrer Toilette badet
und dann in Tränen ausbricht, weil sein geliebter Di
so nass ist und stinkt.
Ich bin nicht da, um ihn zu beschützen, als der Müll geleert wird.

Andreis erster Milchzahn fällt auf einen fremden Teppich.
Ich glaube, der Hund des Babysitters hat ihn gefressen.
Sie werden Jahre der Therapie brauchen,
um all das zu verarbeiten.
Wenn die Blicke, mit denen mich die »richtigen« Mütter,
die Hausfrauen,
bedenken, wenn ich endlich beim Fußballturnier erscheine,
nachdem ich mir einen halben Tag frei genommen habe,
wenn diese Blicke töten könnten, dann …

Unsere Liebe Frau von der Ewigen Schuld steht
hinter dem hauchdünnen Schleier
des Bewusstseins und flüstert: »Was glaubst du eigentlich,
wer du bist,
dass du ein System verändern willst, das seit Anbeginn
der Zeit existiert?
Eva mit dem Apfel ist ein Dreck gegen dich,
du Kinderverderberin, du Ruin der Menschheit.«
Auf Elternversammlungen sehe ich mich
heftigen Angriffen ausgesetzt.
Meine Verfehlungen sind Legion.
Andreis Vokabelkenntnisse sind mangelhaft.
Offenbar nicht genug mit der Vokabelkartei geübt.

Justin schwänzt die Schule. Halte ich es für möglich,
dass er Pot raucht, Bier trinkt
oder sich nachmittags in den Büschen vergnügt?
Ist es schon so weit? Muss ich mit ihm über Sex reden?
Betreiben die Kinder ein Bordell im Erdgeschoß,
während ich bei der Arbeit bin?
Oh Gott, was kann ich nur tun?

*Jetzt, wo ich in meinen Fünfzigern bin,
kann ich darüber lachen.
Na ja, irgendwie.
Wir leben alle noch und ich habe genug Material,
für eine kabarettistische Eine-Frau-Show,
falls so was mal wieder »in« sein sollte.
Die Kinder sind erwachsen geworden
und ich habe mich von dem Mann scheiden lassen,
den eine mitfühlende Freundin als »Wehemann«
bezeichnet hat.
Es ist schwer, das Feuer der Liebe am Brennen zu halten,
wenn niemand zu Hause ist, der es bewacht.*

*Selbst jetzt habe ich manchmal noch diesen Traum,
in dem der »Wehemann« und ich jung verliebt sind
und Hand in Hand einem fernen Horizont entgegengehen,
wo süße Möglichkeiten auf uns warten.
Aber selbst in dieser Traumwelt bleibt mir
das Ende nicht erspart.
Wir, die zusammen groß geworden sind,
werden nicht zusammen alt werden.
Wir haben uns getrennt. Unsere Familie ist nur noch eine Ziffer
in der postmodernen Statistik.
»So war es eigentlich nicht gedacht«, sagte ich zu ihm
und wache mit Tränen in den Augen auf.*

*Irgendwann im Laufe der Zeit ist Geschäftigkeit
zum Lebensstil geworden.
Und immerhin ist sie ein Deich, der das Meer
des Schmerzes davon abhält,
mich zu überrollen und wegzuschwemmen.*

Irgendwie habe ich mehr zu tun als je zuvor,
obwohl nur noch ich und drei Hunde da sind,
um die ich mich kümmern muss.
Und Hilfe habe ich auch noch.
Am Ende verdiene ich so viel Geld, dass ich mir
die Hausfrau leisten kann,
nach der sich jede berufstätige Frau sehnt.
Aber die Welt scheint sich mit so abartiger
Geschwindigkeit zu drehen,
dass meine Ersatz-Hausfrau einfach nicht genügt,
um die Gezeiten in Schach zu halten.
Meine E-Mail-Box quillt über vor Anzeigen, die mir sagen,
wie ich Geld sparen kann, während ich Staub sauge,
meiner Haut etwas Gute tue, meinen Penis vergrößere
und Italienisch lerne, und das alles gleichzeitig.
Die Penisvergrößerung klingt interessant, aber nicht
mehr in diesem Leben.
Ich lösche auch die anderen Angebote. Keine Zeit.
Ich weiß nicht, wie ich das alles geschafft habe,
als ich noch aktive Mutter war.
Heute brauche ich manchmal den ganzen Tag,
nur um mir die Zähne zu putzen.

Und was ist aus den Kindern geworden?
Sie sind hübsche junge Männer, und ich bin stolz auf sie.
Sie haben ihre Stärken und tragen auch ihre ernsten,
aber nicht tödlichen Verletzungen mit sich herum.
Sie haben ihre Freuden und Leiden wie wir alle.
Sie wissen, dass sie geliebt werden, und sind alt genug,
um schätzen zu können,
was ich für uns alle getan habe.

Sie sind alt genug, »Danke« zu sagen und es auch zu meinen.
Sie bringen mich zum Weinen und jagen mir Schauer
des Entzückens über den Rücken.
Es hat sich gelohnt, alles. Ich liebe sie so sehr.
Diese Jungs sind das Resultat der wichtigsten Arbeit,
die ich je geleistet habe.

Nun fragen sie sich, wie sie leben und
ihre Kinder erziehen wollen.
Sie wollen keinen Hort-Horror und
keine Ganztagesbetreuung.
Sie wollen aktiv an der Erziehung ihrer Kinder mitwirken.
Aber sie stehen vor großen Entscheidungen.
Ein Haus kaufen und mit Überstunden dafür bezahlen?
Jobs für beide Partner und dafür
Unsere Liebe Frau von der Ewigen Schuld als Dauergast?
Ein neues Auto kaufen und mit deinem Herzen,
deinen Knochen
oder deiner Ehe dafür bezahlen?
Die Spielzeuge anschaffen, die »Jeder, der wer sein will« braucht,
und mit permanenter »3.00 Uhr morgens Panik«
dafür bezahlen?
Wie viel ist genug? Was ist wichtig? Wie sollen wir leben?
Sie sind alt genug zu wissen,
dass manche Entscheidungen schwierig und richtig sind.
Und manche sind falsch, trotz bester Absichten.
Indem sie mich mit Entscheidungsmöglichkeiten ringen sahen,
die ihre Großmutter nie hatte,
haben sie vielleicht das Wichtigste überhaupt gelernt,
nämlich, dass Zeit das kostbarste Geschenk ist,
das man seiner Familie machen kann.

Die Frauen meiner Generation haben sich mit Macheten
durch den dichten Dschungel gekämpft.
Das Ergebnis war vielleicht nicht sehr schön anzuschauen,
aber es hat genug Licht hereingelassen,
um den Weg für die neue Generation
von Frauen – und Männern – sichtbar zu machen.
Die Welt steckt mitten in dieser zarten und schmerzlichen
Phase des Umbruchs, in der alles neu wird.
Dr. Oetker ist tot. Meine Mutter ist auch nicht mehr.
Und ich, die einstmals Junge, wandere in
die hinteren Reihen der Familienfotos,
als Matrone einer neuen Art von Familie,
ausgedünnt und in alle Winde zerstreut.
Aber ich bin noch nicht tot. Ich habe ein Auge auf meine Kinder
und würde gern miterleben, wie die Kinder
meiner Kinder die Welt neu erfinden.
Es wird Zeit brauchen und Frauen mit starken Herzen
und starken Köpfen.
In der Zwischenzeit müssen wir nicht nur lernen,
wie wir unser Leben lebenswert machen,
sondern auch, wie wir unseren Lebensunterhalt verdienen
können in einer Welt, die nie schläft.

Daher habe ich beschlossen, dieses Buch zu schreiben.
Es ist kein Ratgeber.
Wenn ich das Geheimnis zur Beendigung des modernen
Zeithungers[2] *kennen würde*
(das Zauberwort, das es leicht macht, alles zu haben),
wenn ich wenigstens wüsste, was »alles haben« eigentlich ist,
dann wäre ich reich und berühmt,
würde meine Fingernägel im Schönheitssalon trocknen lassen

oder im Wald meditieren und auf die Erleuchtung warten.
Ich habe mich noch nicht entschieden,
welchen Weg ich gehen würde.
Vermutlich keinen von beiden, denn obwohl ich
mich so leidenschaftlich beschwere,
zu beschäftigt zu sein, wähle ich dieses Leben,
und zwar täglich aufs Neue.

Aber immerhin weiß ich, dass ich die Wahl habe,
etwas, das Generationen von Frauen nicht hatten.
Das ist so kostbar.
Die neue Welt der Frauen ist noch in Arbeit.
Ich weiß nicht, wie sie aussehen wird,
aber ich weiß genau, dass es gut ist,
in einem Stück dort anzukommen
und heil zu bleiben, wenn die Zentrifugalkraft
einer sich so schnell drehenden Welt
uns in Stücke zu reißen droht.
Ein Arm da, ein Bein dort, ein Herz Gott weiß wo.

Es ist gut zu wissen, wie man nach Jahren des einsamen,
dürstenden Wanderns in der Wüste
wieder bei sich selbst ankommt.
Es ist gut anzuerkennen, dass Frauen hinter
den Kulissen etwas leisten,
das noch viel wichtiger ist als schnell noch das Klo zu putzen,
während wir uns die Strumpfhosen hochziehen.
Wir weben das Netz, das die Welt zusammenhält.
Und wenn Frauen vergessen, wie das geht, ist alles verloren.
Das ist es, was ich auf den folgenden Seiten
mit Ihren teilen möchte.

Einleitung

Die Zeiten ändern sich

Die Generation meiner Kinder ist mit ganz anderen Vorstellungen über Familie und Arbeitsleben aufgewachsen als die meisten Angehörigen meiner Generation. Berufstätige Mütter sind mittlerweile in der Mehrheit. In meiner Jugend waren sie relativ selten. Wenn Sie nicht gerade aus einer armen Familie kommen, in der die Frauen immer gearbeitet haben, um sich und ihre Kinder zu ernähren, ist die Wahrscheinlichkeit, dass Ihre eigene Mutter Hausfrau war, ziemlich hoch.

Meine Mutter war Hausfrau und ihr Tag begann damit, dass sie mir ein nahrhaftes Frühstück zubereitete, jedenfalls bis Kellogg's Cornflakes auf den Markt kamen.

Die Ansichten meiner Mutter und meine waren ungefähr so verschieden wie Mars und Venus. Die Zeiten änderten sich, und zwar sehr plötzlich. Den Frauen meiner Generation stand auf einmal eine völlig neue Berufswelt offen. Wir studierten Jura, Medizin, Wirtschaftswissenschaften und viele andere Fächer. Als Lehrerin oder Krankenschwester zu arbeiten, so schön beides auch sein mag, waren nicht länger die praktisch einzigen Berufsmöglichkeiten für Mädchen. Es hatte den Anschein, als könnten wir alles haben: Arbeit in dem von uns gewählten Beruf; eine Familie, die wir liebten und um die wir uns gut kümmerten, und ein reiches Seelenleben, das uns festen Halt in einer unsicheren Welt geben konnte.

Meine Mutter fühlte sich nicht wohl mit all diesen Veränderungen. In meiner Familie ist es sprichwörtlich, dass ich eigentlich dazu ausersehen war, später mal einen Arzt zu heiraten. Das war ein allgemeiner Maßstab für den Erfolg einer um 1940 geborenen Frau mit meinem familiären Hintergrund. Das unabhängige Leben, das bedeutete, dass ich selbst der Doktor sein wollte, statt einen zu heiraten, fühlte sich für meine Mutter fremd und beängstigend an. Sie hatte die Weltwirtschaftskrise erlebt. Sie hatte die Opfer des Holocaust betrauert. Sie hatte zwei Weltkriege ebenso überstanden wie fanatischen Antisemitismus. Sie hatte miterlebt, wie Menschen, die ihr lieb und teuer waren, schwer krank wurden. Und sie hatte alte und junge Menschen sterben sehen. Wie die meisten Mütter wollte sie ein besseres Leben für ihre Tochter, und dazu gehörte ein Mann, der in der Lage war, für sie zu sorgen, damit sie nicht arbeiten und sich keine Sorgen um das liebe Geld machen musste.

Mama war vierzig, als ich geboren wurde. Als ich eine junge Frau war, war sie in den Wechseljahren und nahm in keiner Beziehung ein Blatt vor den Mund. Abgesehen davon hatte sie noch nie zu den zurückhaltenden Frauen gehört. Ihre Rede während meiner ganzen Studienzeit war: »Du bist schlauer, als gut für dich ist. Männer mögen keine gescheiten Frauen. Was soll das heißen, du willst Wissenschaftlerin werden? Was denkst du dir eigentlich? Du suchst dir ein viel zu hartes Leben aus. Heirate einen reichen Kerl und wach endlich auf!«

Ihre Stimme war die des gesellschaftlichen Widerstands gegen die neue Rolle der Frau, eine Mauer aus »Wie die Dinge seit ungefähr einer Million Jahren waren«. Meine Generation musste diese Mauer mit Spitzhacken abtragen. Wenn es schwer war – und das war es und ist es immer noch – und wir dies zähneknirschend zugeben mussten, fiel man von allen Seiten über uns her: »Haben wir es dir nicht gesagt, eine Frau gehört an den Herd.« Bis noch vor relativ kurzer Zeit war es politisch inkorrekt zu erwähnen, dass es eine große Aufgabe ist, Beruf und Familie unter einen Hut zu bringen und bei alldem auch noch Zeit für sich selbst zu finden. Erst jetzt, nachdem die zweite Generation von Frauen die Mauer abträgt, fühlen wir uns sicher genug, einen Moment innezuhalten und zu sagen: »Mensch, das ist ganz schön hart durchzuziehen. Manchmal sind wir müde, abgestresst und in Gefahr, uns zu verschließen und unsere Herzen zu verlieren. Aber indem wir uns gegenseitig die Wahrheit über unser Leben erzählen, können wir einen besseren Weg finden. Hier ist das, was wir gelernt haben und was die Dinge für euch leichter machen kann.«

Wo ein Gezeitenwechsel stattfindet, sind die Wasser turbulent und kraftvoll. Und angesichts einer so weit reichenden kulturellen Revolution wie der, die mit der neuen Rolle der Frau einhergeht, können wir nicht erwarten, dass wir innerhalb von wenigen Generationen wieder in ruhigem Fahrwasser sind. Die Frauen meiner Generation können sich nicht an Zeiten erinnern, in denen Frauen nicht wahlberechtigt waren oder keine Empfängnisverhütung praktizieren durften. Vielleicht wird sich die Generation unserer Urenkel nicht daran erinnern, dass es jemals unsichtbare Karrieregrenzen für Frauen gab oder das »Zeitalter von Gier und Geschwindigkeit«, wie ein Schriftsteller unsere heutige Zeit so treffend genannt hat.

Die meisten verheirateten Frauen haben zwei Vollzeitbeschäftigungen: ihre Arbeit, der sie tagsüber nachgehen, und ihren Abendjob, in dem sie sich um ihren Haushalt und ihre Familie kümmern. Die Tatsache, dass die Durchschnittsehefrau drei Stunden Hausarbeit am Tag macht, während ihr Mann ganze 17 Minuten für den Haushalt erübrigt, sollte uns zu denken geben. Die wachsende Empörung darüber, dass wir so aus unserem eigenen Leben verdrängt werden, hat eine epidemische Scheidungswelle ausgelöst, und Millionen trauriger Kinder müssen mit den Konsequenzen fertig werden. In den USA werden zwei Drittel aller Scheidungen von Frauen eingereicht. Weil sehr viele von uns arbeiten und größere finanzielle Freiheit erlangt haben als je zuvor in der Geschichte, können wir es uns leisten, Beziehungen hinter uns zu lassen, die uns nichts mehr bringen. In vielen der in diesem Buch zusammengetragenen Geschichten geht es um die Frage, wie wir Beziehungen leben können, die uns fördern, damit wir bessere Möglichkeiten haben, unsere Familien ganz zu lassen.

Wir Frauen möchten am Arbeitsplatz mit Kollegen zusammenarbeiten, die mehr tun, als uns zu tolerieren, und wir erwarten von unseren Ehen, dass sie echte Partnerschaften sind. Wir möchten in einer Weise geschätzt werden, die es unserer einzigartigen Kraft und Intelligenz erlaubt, sich als Teil eines größeren Ganzen zu manifestieren. Die weibliche Art zu wissen und zu arbeiten ist eher verbindlich und intuitiv und damit anders als die der meisten Männer, aber sie kann jene wunderbar ergänzen. In der Familie möchten wir die Wahl haben, ohne gleich in eine Schublade gesteckt zu werden. Ob wir uns nun entscheiden, allein zu bleiben oder in einer gleichgeschlechtlichen oder heterosexuellen Partnerschaft zu leben, in jedem Fall verdienen wir Respekt. Diesen Respekt beansprucheln wir auch als allein erziehende Mütter. Wir wollen die Möglichkeit haben, unsere Arbeitszeiten so flexibel zu gestalten, dass sie mit unserem Lebensstil vereinbar sind.

Landkarten für die Reise

Weibliche Weisheit wurde traditionell in Geschichten weitergegeben. Indem wir die Geschichten unseres Lebens miteinander teilen, schaffen wir Landkarten, auf denen sowohl Schätze als auch Fallen verzeichnet sind, und ebnen den Weg für kommende Generationen. Wir lassen diese Landkarten nicht nur für unsere Töchter zurück, sondern auch für unsere Söhne, von denen wir hoffen, dass sie als gleichberechtigte Partner an der Schaffung einer neuen Welt mitarbeiten, wo Frieden innerhalb der Familie und unter den Völkern herrscht und wo beide Geschlechter Gelegenheit haben, einander Schutz zu bieten und in Harmonie und Liebe zu leben.

Eines Morgens, als meine Söhne, Justin und Andrei, zwanzig und sechzehn Jahre alt waren, saßen wir zusammen am Küchentisch. Er war neu, aus Eichenfurnier mit sauberen Rändern und makelloser Oberfläche. Der alte verkratzte Ahorntisch mit den gedrechselten Beinen, an dem sie als Kleinkinder ihren Haferbrei gegessen hatten, auf dem sie ihre Fingerfarben verschmiert hatten, während ich Vorträge schrieb und Dias für meine Arbeit zusammensuchte, an dem sie ihre Hausaufgaben gemacht und zahllose Mahlzeiten eingenommen hatten, war auf dem Sperrmüll gelandet. Mit ihm waren auch die archäologischen Überreste ihrer Kindheit verschwunden: die Schramme an dem einen Tischbein, wo Justin, damals etwa sechs Jahre alt, sein Geburtstagsgeschenk, eine Säge, ausprobiert hatte; die Zahnspuren von Max, unserem Rottweiler, der unermüdlich die angetrockneten Reste von mehr als 15 000 Mahlzeiten (rechnen Sie ruhig mal nach, wie alt der Tisch war) aus der Spalte geknabbert hatte, an der man den Tisch ausklappen konnte.

Es war das Ende einer Ära. An diesem Morgen unterhielten wir uns als gleichberechtigte Partner. Drei Erwachsene teilten ihre Erinnerungen an ein gemeinsames Leben, das so schnell vorübergegangen war wie ein Regenschauer am Nachmittag. Justin war übers Wochenende vom College gekommen und befand sich in nachdenklicher Stimmung. Sein jüngerer Bruder, Andrei, der seit zwei Jahren die Highschool besuchte, hing an seinen Lippen. Die beiden sind geradezu archetypische Vertreter zweier Brüder, die sich lieben. Selbst in meinen schlimmsten Momenten genieße ich die Art, wie diese beiden miteinander umgehen, und denke mir, dass ich da wohl was richtig gemacht haben muss.

Ihre Kindheit war einfach zu schwer, sagen sie, während wir abwechselnd Saft und Kaffee schlürfen. Sie als Eltern würden es anders machen. Justin sagt, er weiß, dass ich meine Arbeit brauchte, nicht nur aus wirtschaftlichen Gründen, sondern auch für mich selbst, weil ich einem kreativen Drang folgen und einen positiven Beitrag zur Veränderung der Welt leisten wollte. Er respektiert das, sagt er mit weicher Stimme. Er respektiert *mich.*

Mit zwanzig ist der obligatorische Narzissmus der Kindheit vorbei. Wie Schuppen ist es Justin von den Augen gefallen und er sieht mich plötzlich nicht mehr als Mutter, sondern als Person wie sich selbst. Das ist neu und aufregend. Wir sind jetzt zwei, keine Mutter-Kind-Einheit mehr. Für diesen jungen Mann bin ich soeben ganz neu geboren, ganz frisch. Aufgrund der engen Bindung zu seinem Bruder sieht auch Andrei mich mit ganz neuen Augen, jedenfalls im Moment. Wir rufen einen temporären Waffenstillstand aus in diesen Wirren der Adoleszenz, jener Zeit, in der er sich von seiner Mutter losreißen muss, um er selbst zu werden.

Es herrscht Stille und Frieden in der Küche. Es gibt keine Schuldzuweisungen, nur zwei Jungs und ihre Mutter, die ihre Wahrheit über das Ende der Kindheit miteinander teilen. »Ganztagesbetreuung ist zu heftig für Kinder«, sagt Justin und ein Schleier aus ungeweinten Tränen verleiht seinen außergewöhnlich grünen Augen etwas Träumerisches. »Der Tag ist zu lang und du sehnst dich einfach nur nach deinem Zuhause, nach deinen Eltern, nach deinen Haustieren und nach einem Nickerchen in deinem eigenen Bett. Es ist einsam, obwohl jede Menge anderer Kinder dort sind. Ich kenne keinen, der es nicht gehasst hat.«

Andrei stimmt ihm zu. Er ist vier Jahre näher an dem Erlebnis und viel wütender auf den Hort und das Leben im Allgemeinen. »Oma Lilly ist zu Hause geblieben und war bei dir«, erinnert er mich. »Du hast ja keine Ahnung, wie es ist, jeden Morgen bei fremden Leuten abgeliefert zu werden. Und wie es ist, wenn es dir mal schlecht geht und keiner da ist, der dich tröstet, und wenn sie Mama oder Papa bei der Arbeit anrufen müssen und es dann zwei Stunden dauert, bis jemand kommt und dich abholt. Du hast das Beste getan, was du tun konntest, das weiß ich. Aber ich würde meine Kinder niemals in einen Hort stecken. Ich werde einfach keine Kinder kriegen, bis entweder ich oder meine Frau zu Hause bleiben und sich um die Kinder kümmern kann.«

Ich frage mich, ob man ihn eines Tages auf diesen Spruch festnageln wird. Eine Woge der Traurigkeit schwappt über mich, als ich den Unterschied zwischen der Zukunft, die er sich vorstellt, und allem, was das Leben unweigerlich bringen wird, ganz klar erkenne. Ich schaue in die ernsten Augen dieses Kind-Mannes.

»Es tut mir Leid, dass meine Entscheidungen euch so viele Schmerzen bereitet haben. Ich habe wirklich das Beste getan, was ich tun konnte.«

Wir wechseln zum Thema Widerstandskraft. Welche Stärken haben die Jungen entwickelt, weil beide Eltern berufstätig waren? »Wir können gut kochen«, rufen beide wie aus einem Munde. Das ist wahr. Wir erinnern uns an den Abend vor etwa drei Jahren, als ich meine Küchenarbeit niedergelegt habe und in den Streik getreten bin. Jahrelang bin ich jeden Abend von der Arbeit nach Hause gekommen und habe ein gesundes Abendessen für die ganze Familie zubereitet – aus frischen Zutaten! In unserem Haus gab es keine Hamburger vom Bringdienst und keine Fertiggerichte aus der Tiefkühltruhe. Die Kinder hätten aber trotzdem lieber was von McDonald's gehabt, und an diesem Abend sagten sie es klipp und klar. Während wir uns an das erinnern, was in dieser »Streiknacht« ablief, lachen wir uns kaputt und geben den alten Erinnerungsknochen noch ein bisschen neues Fleisch:

»Guten Abend. Ich bin eure Mutter«, sagte ich. »Ich bin heute Abend euer Ober wie jeden Abend, seit ihr auf der Welt seid.«

Sie antworteten: »Guten Abend, wir sind deine Söhne. Wir sind heute Abend deine Gäste wie jeden Abend, seit wir auf der Welt sind. Wir hassen das Essen hier. Können wir nicht mal richtiges Essen bekommen wie alle unsere Freunde? Wir möchten Cola und keinen frisch gepressten Mangosaft oder Mineralwasser aus garantiert reinen Quellen in Tasmanien.

Und wie wär's mit Tiefkühlpizza? Mit Peperoni bitte. Wir sind es satt, die Freaks zu sein.«

»Prima«, sagte ich. »Lasst Papa eine Zeitlang kochen oder kocht selbst.« Und so geschah es. Von diesem Abend an bereiteten die Männer etwa die Hälfte der wöchentlichen Abendessen zu. An meinem ersten kochfreien Tag lasse ich sie mit einem zu grillenden Hähnchen zurück und jogge durch die Abenddämmerung. Als ich zurückkomme, riecht es nicht einladend nach warmem Abendessen. Aus reiner Gewohnheit prüfe ich, ob der Backofen in Ordnung ist. Der Grill ist an und funktioniert bestens, aber mein Gatte hat das Hähnchen in den Geschirrwagen unter dem Ofen gelegt. Wir bestellen Pizza beim Bringdienst.

Die Jungs kaufen einen Gasgrill, ein Rückschritt zu den Feuern der Jäger und Sammler. Unser semi-vegetarischer Haushalt verwandelt sich in eine mongolische Feuergrube. Nach einem Leben in Enthaltsamkeit sind die Kinder geradezu verrückt nach Fleisch. Wahnvorstellungen von karzinogenen Substanzen, die vom ungewaschenen Grill auf ihr Abendessen tropfen, gehen mir durch den Kopf. Aber das ist jetzt ihre Sache. Ich halte den Mund und lasse meine Finger davon. Das Leben geht weiter. An einem bestimmten Punkt müssen Kinder ihre eigene Wahl treffen.

Kochen ist nicht das einzige, was Kinder lernen, deren Eltern beide arbeiten. Sie haben auch sehr viel realistischere Ansichten über das Leben, als ich sie hatte, und sind sich der Konsequenzen ihrer Entscheidungen viel deutlicher bewusst. Zum Thema »Geld oder Leben« fällt ihnen mehr ein als die Filmszene eines Überfalls. Es ist eine Frage, die sich ihnen in einer wild gewordenen Konsumgesellschaft täglich stellt. Wenn sie heiraten, werden sich ihre Familien denselben Herausforderungen zu stellen haben wie ihre Ursprungsfamilien. Aber zum Glück kennen sie das Terrain besser, als ihre Eltern es kannten. Also wird ihre Reise möglicherweise ein wenig angenehmer verlaufen.

*

Dieses Buch möchte ein Reisebegleiter sein. Es gibt keine Antworten, nennt keine Strategien für Zeitmanagement und gibt keine Anleitungen für Ein-Minuten-Gebete, obwohl all das Sie durchaus über Wasser halten kann. Solche hilfreichen Strategien werden in meinem Buch *Inner Peace for Busy People* beschrieben.

Dieses Buch hat, wie ich hoffe, zwei Stärken. Erstens legt es offen dar, was schon so viele Superfrauen am eigenen Leib erlebt haben: Wenn uns erlaubt wird zu wissen, was wir wissen, und zu fühlen, was wir fühlen, können wir aufatmen. Wir sind richtig im Kopf. Die Wahrheit über unser Leben zu sagen mag sich wie Gejammer anhören, aber es ist so viel mehr als das. Indem wir die Realität ganz offen auf den Tisch legen, vertreiben wir den Stress aus unserem Körper. Dann können wir das tun, worin Frauen so gut sind: miteinander sprechen, bis die Möglichkeiten zur Schaffung einer neuen Welt aus der Asche der alten hervorgehen. Das ist die Essenz eines spirituellen Lebens.

Zweitens hoffe ich, dass meine Worte direkt bis zu Ihrem Herzen vordringen, bis zu jenem Zentrum der Weisheit und des Mitgefühls, das der Schmelztiegel für Ihren inneren Frieden ist. Wenn wir dort verankert sind, können wir mit den praktischen Anforderungen eines geschäftigen Lebens sehr viel besser umgehen. Und Sie werden sehen, dass ich diese praktischen Anforderungen sehr klar und deutlich anspreche. Ein starkes Seelenleben wird uns unterstützen, wenn es darum geht, die Veränderungen herbeizuführen, die notwendig sind, um wirklich befriedigende und nachhaltige Lebensumstände für uns selbst, unsere Kinder und die Weltbevölkerung zu schaffen.

Frauen weben das unsichtbare Netz, das die Welt zusammenhält. Wenn das Netz schwach wird, haben wir keine Chance, die Welt in diesen chaotischen Zeiten herumzudrehen. Aber wenn wir uns den Herausforderungen dieser Übergangszeit mit Ehrlichkeit, Offenheit und praktischem Wissen stellen, können wir an der Geburt einer neuen Welt mitwirken. Die Cheyenne sagen, dass ein Volk verloren ist, wenn die Herzen seiner Frauen am Boden liegen, egal wie gut seine Waffen oder wie stark seine Krieger auch sein mögen. Ich hoffe, dass Ihr Herz stark und offen bleibt und dass die lebendige Beziehung zu Ihrem inneren Selbst – und zu den Menschen, die Sie lieben – Ihnen genug Proviant für eine aufregende und bedeutsame Reise gibt.

Es gibt drei Arten von Geschichten in diesem Buch. In manchen berichten Frauen über die Realität unseres geschäftigen Lebens; andere beschäftigen sich mit spannenden Forschungsergebnissen, und die von der dritten Sorte stellen Ihnen spirituelle Prinzipien vor, bei denen das Augenmerk auf den verschiedenen Aspekten Ihres Seelenlebens liegt. Ich hoffe, dass Sie etwas mit diesen Geschichten anfangen können, egal ob Ihr Hintergrund eher religiös oder eher weltlich ist.

Kommen Sie mit. Gemeinsam werden wir Wege erkunden, die am Ende zu Ausgeglichenheit, Ganzheit und Frieden in unserem Leben führen.

Teil 1

Sehen Sie Ihr geschäftiges Leben im rechten Licht

1

Champagnerleid

An einem kalten, klaren Wintertag nahm ich an einer Konferenz in Rhode Island teil und stand mit etwa sechshundert anderen Frauen Schlange am Buffet. Die Frau neben mir fragte: »Kann ich eine Minute mit Ihnen sprechen – über den Vortrag, den Sie heute Morgen gehalten haben?« Diese hübsche Frau um die vierzig hatte sich ein paar wichtige Gedanken zum Thema berufstätige Mütter und inneres Gleichgewicht gemacht. Sie fühlte sich sichtlich unwohl und zögerte, frisch von der Leber weg mit der so genannten Expertin zu reden. Aber was sie zu sagen hatte, erinnerte mich daran, wie privilegiert ich schon allein deshalb bin, weil ich vom Gleichgewicht zwischen Arbeit, Familie und Seelenleben reden kann. Ich leide vielleicht, wenn dieses Gleichgewicht gestört ist, aber das ist die Art von Leid, die der buddhistische Lehrer Sogyal Rinpoche als »Champagnerleid« bezeichnet.

»Ich bin mit einer Gruppe von etwa dreißig Freundinnen hierher gekommen«, begann die Frau in der Schlange zögernd. »Wir konnten Ihnen folgen, bis Sie davon berichtet haben, wie sich das Leben für die Frauen nach dem Zweiten Weltkrieg verändert hat, als sehr viele Frauen arbeiten gingen. Also, für uns sind berufstätige Mütter nichts Neues. Die meisten meiner Freundinnen und ich selbst kommen aus

Familien, in denen die Frauen immer gearbeitet haben. Unsere Mütter, unsere Großmütter – alle Frauen – haben gearbeitet, um einigermaßen über die Runden zu kommen. Sogar wir Kinder haben gearbeitet, um die Familie zu unterstützen, sobald wir alt genug waren, einen Job zu bekommen.«

Ich wurde rot vor Scham, als ich erkannte, dass ich etwas Wichtiges übersehen hatte. Da stand ich und sprach über inneres Gleichgewicht, als sei die Durchschnittsfrau privilegiert genug, sich überhaupt Gedanken darüber zu machen, ob sie ein optimales Leben führte. Ich dachte an Generationen von amerikanischen Frauen, die auf Bauernhöfen, in Fabriken, Süßwarenläden, Supermärkten, Kneipen und irgendwelchen Jobs arbeiteten, die sie finden konnten. Ich ließ mich über den Balanceakt zwischen Arbeit und Leben aus, wo doch so viele Frauen, sowohl in der Vergangenheit als auch in der Gegenwart ganz andere Sorgen hatten und noch haben, als sich um sich selbst zu kümmern und die Erleuchtung anzustreben. Sie wollten einfach nur ihre Kinder ernähren, kleiden und zur Schule schicken können.

Der verstorbene Psychologe Abraham Maslow, ein Pionier der so genannten Human Potential Bewegung, schrieb über die »Hierarchie der Bedürfnisse«, auch als Bedürfnispyramide bekannt: Wenn Sie damit beschäftigt sind, Ihr einfaches Überleben auf der Ebene von Nahrung und Obdach zu sichern, stehen höhere Bedürfnisse wie inneres Gleichgewicht weniger stark im Vordergrund. Sie sind Ihnen vielleicht noch nicht einmal bewusst. Das Bedürfnis, Ihre eigentliche Bestimmung als menschliches Wesen zu erfüllen, die Welt mit Ihren Gaben zu beglücken und Ihr psychologisches und spirituelles Potenzial aufzufrischen, kommt erst zum Tragen, wenn die Rechnungen bezahlt sind, die Ihrer Familie ein Dach über den Kopf und Essen im Magen garantieren.

Jedes Mal, wenn ich zur Maniküre gehe – definitiv ein Privileg – bewundere ich die Vietnamesinnen, die das Nagelstudio führen. Es sind alles Immigranten und die meisten von ihnen arbeiten zehn bis zwölf Stunden am Tag, und das sechs Tage in der Woche. Die Sonntage sind für Kirchgänge, Erledigungen und zum Saubermachen reserviert. Freizeitaktivitäten sind selten und allein der Gedanke, dass in einem ausgeglichenen Leben auch Zeit für Entspannung sein sollte, hat in ihrer persönlichen Bedürfnispyramide definitiv keinen Platz. Fast alle diese Frauen haben Kinder zu Hause, um die sich immigrierte Verwandte kümmern – Mütter und Großmütter, Tanten und Schwiegermütter. Große Familien sind ein Segen für diese Frauen und eine Notwendigkeit, wenn es darum geht, sich in einer fremden Kultur eine Nische zu erobern.

Die Besitzerin des Nagelstudios arbeitete auch, als sie mit ihren beiden Kindern schwanger war. Pediküre ist eine anstrengende und schwierige Arbeit, selbst wenn man nicht schwanger ist, denn sie erfordert ständiges Vorbeugen, und das Einatmen der mit Aceton geschwängerten Luft macht es auch nicht einfacher. Aber sie war während ihrer beiden Schwangerschaften von unerschütterlicher Fröhlichkeit und schon wenige Wochen nach jeder Kaiserschnittgeburt wieder bei der Arbeit. Immer wenn ich sie fragte, wie es ihr gehe und wie sie es anstellte, sich um ihre Kleinen zu kümmern, wenn sie so lange arbeitete, kam ihre Antwort mit einem echten Lächeln: »Ich bin ein bisschen müde, aber es geht mir gut. Wir arbeiten hart, wir Frauen, was? Aber wir haben Glück, dass wir Arbeit haben, so viel Glück, dass wir so hart arbeiten können. Wir können unseren Kindern ein gutes Leben bieten und eine gute Erziehung.«

Eines Nachmittags ließ ich mir sowohl eine Maniküre als auch eine Pediküre geben. Ich war gerade von einer einwöchigen Geschäftsreise zurückgekommen und musste nach Hause, um meine Koffer neu zu packen, denn am nächsten Tag ging es gleich weiter. Ich tat mir selbst unheimlich Leid und suhlte mich geradezu in Gedanken wie *Ich Arme. Ich arbeite so hart. Vielleicht sollte ich mich zur Ruhe setzen und einfach nur noch leben.* Meine Muskeln waren bretthart und ich träumte von einer Yogastunde, die ich ausfallen lassen musste, weil ich keine Zeit hatte. Unter Druck und gereizt versuchte ich während des kurzen Zwischenstopps zu Hause, ein Dutzend Punkte von meiner Liste abzuhaken und gleichzeitig meine Nägel in Ordnung bringen zu lassen, und hatte völlig den Überblick verloren. Ich glaubte, mein Leben sei einfach viel zu schwer.

Die junge Mutter, die mir eine Maniküre gab, während ich auf einer beheizten Massageliege lag, schaute bewundernd zu mir auf. »Sie haben so viel Glück«, sagte sie und lächelte zufrieden über mein offensichtlich privilegiertes Leben. »Ja, das stimmt«, antwortete ich, weil ich mich plötzlich erinnerte, wie wahr das ist. So viel mehr als meine Grundbedürfnisse werden erfüllt. Ich konnte meine Söhne ernähren und ihnen eine gute Ausbildung finanzieren. Ich bin so sicher wie man nur sein kann in einer von Natur aus unsicheren Welt. Ich gehe einer faszinierenden und erfüllenden Arbeit nach. Ich habe eine bemerkenswerte Freiheit der Wahl, etwas, das die meisten Frauen in der Welt nicht haben.

Durch diese Übergangszeit zu gehen, in der sich für uns Frauen alles verändert, um an einem Ort anzukommen, wo wir Beruf, Familie und Seelenleben miteinander ins Gleichgewicht bringen können, ist eine höchst privilegierte Notsituation. Ich könnte eine Afghanin sein, eine Irakerin, eine Afrikanerin oder sogar eine amerikanische Großmutter, die auf ihr Essen verzichtet, damit ihre Enkel eine Überlebenschance haben. Ich könnte eine chinesische Mutter sein, die gezwungen wird, ihr Wunschkind abzutreiben. Ich könnte meine eigene Mutter sein. Welches Leben ist ohne Herausforderungen? Natürlich leide ich manchmal, aber es geht mir viel besser, wenn ich mich selbst daran erinnere, dass es Champagnerleid ist. Mein Leben ist wirklich gesegnet.

2

Innerem Frieden die erste Priorität geben

Es gibt eine Parabel über einen Holzfäller, der von seiner Arbeit erschöpft ist. Doch er hackt wie wild weiter und hat Angst, auch nur eine Minute lang innezuhalten. Quoten müssen erfüllt werden, und von den Früchten seiner Arbeit muss er eine Familie ernähren. Eines Tages bleibt ein Fremder stehen und beobachtet, wie der Mann verzweifelt Holz hackt. Nach ein paar Minuten fragt er, ob er die Axt inspizieren könne. Der Fremde lässt seine Finger über die stumpfe Klinge gleiten und lächelt freundlich. »Wenn Sie sich ein paar Minuten Zeit nehmen, um Ihre Axt zu schärfen«, erklärt er dem besessenen Arbeiter, »wird Ihnen die Arbeit sehr viel schneller und leichter von der Hand gehen, mein Freund.«

»Das kann ich nicht«, erwidert der aufgeregte Holzfäller. »Dazu habe ich einfach keine Zeit.«

Wenn Sie sich auch nur zehn Minuten am Tag einer spirituellen Praxis widmen, die Ihren inneren Frieden fördert, wird Ihre Axt scharf bleiben, egal wie viel Sie zu tun haben. Dann können Sie, was immer Ihre anderen Prioritäten sein mögen, alles bedeutend effizienter und mit mehr Anmut bewältigen. Im Magazin *Real Simple* las ich die Ergebnisse einer Erhebung, die 2002 durchgeführt worden war und in der man Frauen nach ihrer wichtigsten Priorität gefragt hatte. Fast 32 Prozent sagten, sie würden sich gern mehr in ihrer Mitte fühlen und hätten gern mehr Zeit für die spirituelle Seite des Lebens.

Ich weiß aus eigener Erfahrung: Wenn ich ausgeglichen und in meiner Mitte bin, wird alles viel leichter und einfacher. Ich bin kreativer, effizienter, toleranter, liebevoller und offener. Mein Sinn für Humor erwacht und ich lächle öfter. Ich fühle mich sinnlicher und mehr in meinem Körper zu Hause. Mein Gesundheitszustand ist besser und meine Muskeln sind entspannt. Ich sehe jünger und hübscher aus, irgendwie strahlender. Selbst die Zeit scheint sich auszudehnen. Alles lässt sich schneller und müheloser erledigen. Meine Axt ist geschliffen.

Zeit in der Natur zu verbringen ist für mich eine Möglichkeit, mein inneres Gleichgewicht aufrechtzuerhalten. Ich wohne in einem kleinen Dorf mit etwa 200 Einwohnern in der Nähe von Boulder, Colorado, hoch oben in den Rocky Mountains. Ich bin unter anderem deshalb dort hingezogen, weil die natürliche Schönheit der Erde und des Himmels meinen geschäftigen Geist davon abhält, sich endlos in Ängste und Befürchtungen zu verstricken, und ich dort leichter inneren Frieden finde.

Eines Winterabends, als die feuerrote Sonne genau über dem westlichen Horizont stand, ging ich die Straße hinunter. In den wenigen Minuten, bevor das Licht schwächer wurde, bedeckte die Sonne die Erde mit einem außergewöhnlichen rosa Schimmer. Die Kieselsteine auf der Schotterstraße schienen die Zartheit dieses rubinroten Himmelskusses weiterzustrahlen, denn sie warfen lange Schatten, die jeden einzelnen Kiesel hervorhoben und alle zusammen wie ein Relief aussehen ließen. Eine überwältigende Ehrfurcht begleitete diese

Verwandlung der Steine, die sich mir in diesem Moment der Präsenz im Hier und Jetzt offenbarte. Tränen liefen mir über die Wangen und mein geschäftiger Geist kam zum Stillstand. Ich war im Frieden und mir der Verbundenheit aller Dinge zutiefst bewusst.

In diesem Moment, in dem ich ganz präsent und in meiner Mitte war, verblassten alle Vorstellungen von »ich« oder »mein«. Dennoch hatte ich das ganz tiefe Gefühl, bei mir selbst anzukommen. Wenn der selbstbezogene innere Dialog, der eigentlich ständig abläuft, plötzlich aufhört, scheint der Friede durch, der stets in Ihnen ist. Dieser Friede ist Ihre wahre Natur, Ihr Geburtsrecht. Dann sind Sie zufrieden, wo immer Sie gerade sind und was immer Sie gerade tun. Beschäftigsein ist gut, alles andere auch. Was immer geschieht, ist in Ordnung. Da ist nur sanftes Gewahrsein und ein offenes Herz. Innerer Friede ist die Erfahrung Ihres besten Selbst, und dafür lohnt es sich zu leben.

Spirituelle Praktiken haben das Ziel, Ihnen die Erfahrung des Jetzt zu vermitteln und Sie mit Ihrem zentrierten, besten Selbst bekannt zu machen. Ob Ihre spirituelle Praxis nun darin besteht, den Tag mit einem Spaziergang durch die Natur zu beginnen, mit einem Gebet, mit Meditation, mit Yoga- oder Qigong-Übungen oder mit inspirierender Lektüre, indem Sie ihr die erste Priorität geben, helfen Sie sich selbst, allem, was der Rest des Tages Ihnen bringen mag, mit heiterer Gelassenheit entgegenzusehen.

3

Nimm's leicht

Die Musikerin Karen Drucker, eine gute Freundin von mir, hat ein wunderbares Lied für Frauen geschrieben. Es heißt »Lighten Up« (»Nimm's leicht«). Sie singt, wie sie die Straße entlanggeht und sich mächtig gut fühlt. Doch dann fällt ihr Blick durch ein bestimmtes Fenster in ihre Vergangenheit. Sie regt sich auf und ärgert sich, bis eine innere Stimme sie ermahnt: »Nimm's leicht. Sieh's nicht so eng. Nimm's leicht. Vertrau dem Unbekannten. Nimm's leicht. Es spielt eh keine Rolle. Freu dich des Lebens und steh' dir nicht selbst im Weg.«[3]

Sich nicht selbst im Weg zu stehen, ist eine Möglichkeit, sich zu sagen: »Finde deine Mitte, hör auf, dich gegen das aufzulehnen, was ist, und komm ins Jetzt.« Es gibt viele Arten, das zu tun. Sie können sich in Achtsamkeit üben oder auf Dankbarkeit konzentrieren, Sie können meditieren oder einen Spaziergang in der Natur machen. Wenn all das nichts hilft, können Sie sich immer noch einer Lobotomie unterziehen. Aber die Dinge leicht und mit Humor nehmen zu lernen, ist immer noch der angenehmste Weg, den Geist umzupolen, das Herz zu öffnen und wieder zur Vernunft zu kommen, nachdem Ihnen ein geschäftiger Tag das Beste abverlangt hat. Humor, der Ihre Schwächen liebevoll auf's

Korn nimmt, gibt Ihnen kein schlechtes Gefühl sich selbst gegenüber. Im Gegenteil, er ist ein wichtiges Regulativ für Ihre innere Einstellung.

Humor ist eine Form von kognitiver Restrukturierung. Das ist der Fachausdruck für den Prozess, in dem man seine Gedanken bewusst unter Kontrolle bringt, bevor sie einen wahnsinnig machen. Manche Witze sind lustig, weil sie Dinge in einen anderen als den gewohnten Zusammenhang stellen. Sie veranlassen Sie, in eine bestimmte Richtung zu denken, doch dann führt die Pointe irgendwohin, wo Ihr Geist nie gelandet wäre. Andere Witze sind lustig, weil sie eigentlich beängstigende Situationen so auf's Korn nehmen, dass sie lächerlich wirken. Zum Beispiel bekam ich kürzlich eine E-Mail mit dem Titel »Warum Männer nicht babysitten sollten«. Es war eine urkomische Sammlung von Bildern, die zum Beispiel zeigten, wie ein Baby in einem Spülbecken zwischen dreckigem Geschirr badete und ein anderes sich vorbeugte, um aus dem Hundenapf zu trinken. Die Bilder waren so witzig und reizend, dass es überhaupt keine Rolle mehr zu spielen schien, ob Männer nun »gute« Babysitter waren oder nicht. Einfach diese Bilder anzuschauen genügte, um meine Stimmung zu heben.

Indem Sie Ihre Probleme, seien es Probleme am Arbeitsplatz, mit den Kindern, Ihrem Liebesleben oder der Orangenhaut an Ihren Oberschenkeln, freundlich auf's Korn nehmen, üben Sie sich im guten Denken. Eine Freundin mailte mir kürzlich einen köstlichen Artikel darüber, wie man den Blues singt. Das ist eine großartige Methode, sich selbst aufzuheitern und die eigenen Probleme im rechten Licht zu sehen. Ich habe die Anleitung ein wenig an unsere Bedürfnisse angepasst.

Das Erste, was Sie beachten müssen, ist dies: Es muss Ihnen wirklich schlecht gehen, sonst haben Sie kein Recht, den Blues zu singen. Sie können einen Blues nicht glaubwürdig singen, während Sie sich im Kurbad, im Nagelstudio, bei Harrod's oder in einem BMW aufhalten. Gefängniszellen, Intensivstationen und zwielichtige Bars sind bedeutend bessere Aufführungsorte. Ich würde auch noch Hotelzimmer hinzufügen, jedenfalls wenn Sie allein auf Geschäftsreise sind und nicht gerade im Ritz oder im Vier Jahreszeiten übernachten. Schmutzige Küchen, Ausschusssitzungen, Jahreshauptversammlungen, Verkehrsstaus, Dating Sites im Internet, Scheidungsverhandlungen und das Büro des Chefs eignen sich auch gut als Kulissen für die Darbietung eines Blues.

Wenn ich kurz davor bin, in Selbstmitleid zu zerfließen, kann ein spontan gesungener Blues meinen inneren Dialog so absurd erscheinen lassen, dass es mich regelrecht aus den »Wenn doch nurs« und »Was wenns« schüttelt und in mein bestes Selbst zurückwirft. Im Idealfall beginnt der Blues mit einer positiven Aussage wie »Ich wache auf...« Das ist eine gute Nachricht, wenn man mal über die Alternative nachdenkt.

Aber dann muss es schnellstmöglich bergab gehen: »Ich wache auf und die Kinder sind krank.«

Dann werfen Sie noch ein paar Kohlen ins Feuer: »Mutter geht nicht ans Telefon und das Auto springt nicht an. Mein Chef mault, weil ich nicht zur Arbeit kommen kann.«

Machen Sie sich keine Gedanken über perfekte Reime. Sprechen Sie die Worte einfach ein bisschen undeutlich aus, wenn Sie Ihren Blues schmettern, am besten vor Publikum. Wackeln Sie mit den Hüften, schneiden Sie Gesichter und bringen Sie schließlich einen beschwingten Refrain vor, zum

Beispiel: »Ich bin eine Mama mit Job und dem ›Es-reicht-mal-wieder-Blues‹.«

Nehmen wir an, Sie kommen nach einem harten Arbeitstag und einem langen Nachhauseweg zur Tür herein und das Haus sieht aus, als sei es soeben komplett von Einbrechern durchwühlt worden. Die Kinder haben Hunger und die Katze sitzt auf der Anrichte in der Küche, frisst die Reste vom Frühstück und lässt überall milchige Fußspuren zurück. Ihr Mann, der als Erster nach Hause gekommen ist, schaut sich die Nachrichten im Fernsehen an und fragt nur mal kurz, was es zum Abendessen gibt.

Wenn Sie keine Heilige sind oder sich erst vor kurzem der oben genannten Lobotomie unterzogen haben, ist es sehr wahrscheinlich, dass Sie jetzt sauer sind und sich überlastet fühlen. Das könnte der große Moment sein, in dem Sie eine Therapie in Erwägung ziehen oder die Scheidung einreichen. Aber wenn keines von beiden in Frage kommt, könnten Sie auch eine Spontaninterpretation des Schnellkoch-Blues singen:

»Müde komm ich heim und das Haus steht auf dem Kopf.
Der Kühlschrank ist leer und kein Geld mehr im Topf.
Ich bin eine Mama mit Job und dem ›Was-gibt's-zum-Abendessen-Blues‹.«

Mit etwas Glück kann Ihre aus dem Hut gezauberte Reaktion die Energie in Ihrer Familie völlig verändern. Kooperationsbereitschaft gedeiht am besten in einer spontanen und humorvollen Atmosphäre. Mit Ihrer humorvollen Reaktion zeigen Sie, dass Sie das Beste in anderen Menschen vermuten, nämlich ihre Fähigkeit, die Not hinter dem Humor zu erkennen, und dadurch motiviert werden, Ihnen aus der Patsche zu helfen.

Den Blues am Arbeitsplatz zu singen, kann schon kniffliger sein. Wenn Ihr Chef nicht gerade zu der Sorte von Vorgesetzten gehört, die hohe Prämien für Innovation, Kreativität und Ehrlichkeit aussetzen, müssen Sie Ihre Vorstellung vielleicht hinter einer verschlossenen Kabinentür auf dem Damenklo geben und sich als Publikum selbst genug sein. Nehmen wir mal an, Ihr Boss hat Ihre geniale Idee zur Verbesserung der Cash-Flow-Situation aufgenommen und so gut gefunden, dass er nun fest davon überzeugt ist, es könne nur seine Idee gewesen sein. Soeben hat er den Plan stolz auf einer Vorstandssitzung präsentiert. Dann versuchen Sie es mal mit einem Blues wie diesem:

»Eben hat man mir einen tollen Job gegeben.

Geschäftsführer bin ich zum ersten Mal im Leben.

Schade, dass keiner es mitgekriegt hat, der es mitkriegen muss.

Ich bin eine clevere Mama mit dem ›Das-war-dann-wohl-meine-Beförderung-Blues‹.«

Sobald Sie wieder besser gelaunt sind, ergibt sich vielleicht eine Gelegenheit, Ihren Chef taktvoll daran zu erinnern, dass es eigentlich *Ihre* Idee war, die er da als seine vorgestellt hat. Und vielleicht kann er sich dann sogar anhören, was Sie zu sagen haben.

Wenn Sie eine unangenehme oder stressige Situation mit Humor bewältigen, dann hat das den Vorteil, dass Sie Raum schaffen zwischen sich und Ihrer gewohnheitsmäßigen Art zu reagieren. Sie lenken die Energie von Ihren besessenen Gedanken ab und bringen sie in das großzügige Herz, wo gute Entscheidungen viel leichter getroffen werden können. David Marel hat ein wunderbares kleines Buch mit dem Titel *Be Generous: 101 Meditations and Suggestions to Get You*

Through the Day (and Night) geschrieben. Es handelt sich um eine Sammlung von weisen und witzigen Gedichten, die er im Laufe der Jahre immer dann verfasst hat, wenn er frustriert war oder sich über etwas aufgeregt hatte. Er schlägt vor, dass Sie selbst so ein Gedicht verfassen, und zwar immer dann, wenn Sie die Notwendigkeit spüren, wieder in Ihre Mitte zu kommen. Genau wie beim Singen des Blues hilft Ihnen der kreative Prozess auch hier, sich aus der Umklammerung des zwanghaften Denkens zu befreien und im Jetzt anzukommen.

Kurz nachdem ich Davids Buch gelesen und mich an seinen Gedichten ergötzt hatte, durchlebte ich ein paar sehr frustrierende Tage. Mein funkelnagelneuer Computer stürzte dramatisch ab. Ich konnte einen ganzen Tag lang nicht arbeiten und verbrachte die Zeit statt dessen mit Computerexperten, die mich am Telefon berieten und schließlich auch noch zu mir nach Hause kamen, bis der Fehler gefunden war und mein Computer zur Reparatur ins Werk zurückgeschickt wurde. Zum Glück hatte ich noch einen Ersatzcomputer (den alten Laptop, den ich durch den neuen Computer ersetzt hatte), den ich hervorholte und anwarf. Einen halben Tag später stürzte auch er ab. Die Reparatur von Computer Nummer zwei nahm noch einen ganzen Tag in Anspruch. Da saß ich nun mit einem Abgabetermin für mein neues Manuskript und keinem Computer, auf dem ich es hätte schreiben können. Ich versuchte es mit Davids Rat. Zehn Minuten dichten machte mehr Spaß als alles andere, was ich in dieser Woche getan hatte, und am Ende ärgerte ich mich nicht mehr.

Der Computer ist tot.
Der Computer ist tot.
Beide Computer sind tot.
Ich atme tief durch.
Ich atme noch mal tief durch.
Auch ich bin eines Tages tot.
Ich atme noch mal tief durch.
Jetzt lebe ich noch.
Die Sonne scheint noch.
Ich kann einen Spaziergang machen.

Teil 2

Emotionale Freiheit

4

Grenzen ziehen
Von der bösen Hexe und der guten Fee

Auf einer Frauenkonferenz hielt ich das morgendliche Grundsatzreferat. Nach meinem Vortrag trat eine Frau mit einem großen Briefumschlag unter dem Arm an mich heran. Sie brauchte mir gar nicht sagen, was darin war. Ich wusste aus Erfahrung, dass es sich um ein Buchmanuskript handelte. Ich werde mindestens ein Dutzend Mal pro Monat gebeten, Bücher zu lesen und zu beurteilen, und könnte mich eigentlich mit nichts anderem beschäftigen. Das Problem ist nur, dass ich dann verhungern würde, denn ich werde nicht dafür bezahlt, diese Bücher und Manuskripte zu lesen. Wenn ich nicht sehr wählerisch bin, mache ich am Ende die Arbeit aller anderen, aber nicht meine eigene. Die Zeit, die ich für meine Familie, für Freunde, für Sport, Gebet, Spaß oder einfach zum Rumhängen und An-die-Wand-Starren brauche, geht den Bach runter. Ich tue anderen keinen Gefallen mehr, sondern blute aus.

Obwohl mir die Frau von Anfang an sympathisch war und obwohl die Beschreibung ihre Manuskripts wunderbar klang, sagte ich nein. Der Abgabetermin für mein eigenes Buch rückte immer näher und ich musste eine klare Grenze ziehen. Keine Manuskriptbeurteilungen mehr, bis das Buch fertig war. Ihre Reaktion war wunderbar: »Wau, du hast starke Grenzen, Joan. Alle Achtung!« Und dann umarmten wir uns und lachten. Für den Rest des Tages war ich ziemlich stolz auf mich. Es ist nämlich nicht leicht, nein zu anderen zu sagen, und ich hatte fast mein ganzes Leben lang lieber nein zu mir selbst gesagt. Eines des besten Dinge am Älterwerden ist, dass es immer leichter wird, sich selbst ein Ja zu schenken. Man beginnt zu erkennen, dass Energie etwas Kostbares ist, dass Zeit nur begrenzt zur Verfügung steht und dass man es sowieso nicht jedem recht machen kann. Man hört auf, sich unüberlegt auszubluten und gibt nur noch absichtlich hier und da etwas Blut (außer in Notfällen natürlich).

Die zwei wichtigsten Dinge an der Entwicklung starker Grenzen sind, dass sie den Respekt erhöhen, den andere vor Ihnen haben, und dass sie Ihre Aufmerksamkeit auf das konzentrieren, worauf es wirklich ankommt. Wenn Sie Probleme mit dem Ziehen von Grenzen haben und die Bedürfnisse anderer routinemäßig über Ihre eigenen stellen, dann ist das ein Zeichen für ein niedriges Selbstwertgefühl. In einer Therapie können Sie bis zu den Wurzeln dieses Problems vordringen, aber was haben Sie davon? Wenn Sie dieses Verhaltensmuster nicht ändern, können Sie mit einem Grabstein à la Loretta LaRoche rechnen, auf dem steht: »Sie hat alles für alle getan und sich trotzdem schlecht gefühlt.« Wenn Sie sich nicht selbst respektieren, wird es auch kein anderer tun, und Sie setzen der ursprünglichen Verletzung nur die Krone auf.

Wenn Sie die Tendenz haben, ja zu fast jedem zu sagen, der Sie um einen Gefallen bittet, könnten Sie dazu übergehen, diesen Menschen zu sagen, dass Sie sich melden werden. Das gibt Ihnen den Raum, den Sie brauchen, um anders zu handeln. Denken Sie über Ihre Prioritäten nach und darüber, wie ein Ja Ihre Prioritäten beeinflussen wird. Und welchen Einfluss hat Ihre Entscheidung auf Ihre Emotionen?

Als ich noch jung war, schwor ich mir hoch und heilig, dass ich nie so eine verbitterte Märtyrerin werden würde wie meine Mutter. Aber im Laufe der Jahre passierte genau das. Ich ärgerte mich immer mehr über die Leute, zu denen ich nicht nein sagen konnte. Diese Verärgerung gab mir wiederum das Gefühl, selbstsüchtig zu sein und mich schämen zu müssen. War es nicht meine Aufgabe, das Leben anderer zu verbessern? Wenn ich nein sagte, fühlte ich mich schuldig. Wenn ich ja sagte, war ich sauer. Plötzlich verstand ich das Martyrium meiner Mutter und begann, ihr mein Herz zu öffnen. Durch dieses Mitgefühl öffnete ich mein Herz auch für mich selbst und fing an, an dem Selbstrespekt zu arbeiten, den ich brauchte, um starke Grenzen zu entwickeln.

Schuldgefühle und Märtyrertum sind typische Frauenprobleme. Loretta LaRoche und ich haben ein wenig gegenseitige Therapie betrieben, indem wir ein Programm zusammengestellt haben, das wir »Böse Hexe und gute Fee« nennen. In einem Rollenspiel mit diesen beiden Stimmen, die wohl jede Frau recht deutlich in ihrem Kopf hören kann, machen wir die Verhaltensmuster lebendig, die sich aus schwachen Grenzen, mangelndem Selbstwertgefühl, Märtyrertum und übertriebener Fürsorge ergeben. Es ist was dran, wenn gesagt wird, dass man immer das lehrt, was man selbst gerade zu lernen versucht.

Die Stimme der guten Fee in Ihrem Innern sagt Ihnen, dass Sie sich selbst aufgeben sollen, um alle anderen zu retten. Sie ist sozusagen das Aushängeschild für schwache Grenzen. In unserem Programm spiele ich die gute Fee, ausgestattet mit einem Zauberstab, der alles und jeden in Ordnung bringen kann. In meinem weißen Umgang und mit der kleinen Strasskrone bin ich zu gut, um echt zu sein, eine sich selbst opfernde Märtyrerin in den Kleidern einer Göttin. Ich stelle mich immer selbst an die letzte Stelle und schleppe mich durch die Gegend, als sei ich gerade von Vampiren ausgesaugt worden. Ich spiele auch die Kontrollfanatikerin, die immer denkt, sie wisse, was alle brauchen, und sie allein habe die Macht, es ihnen zu geben. Dummerweise sehe ich nicht, dass dieses Verhalten die anderen ihres eigenen Schicksals und ihres freien Willens beraubt. Ich halte mich für eine Heilige. Und daher nennt Loretta mich »Euer Heiligkeit«.

Doch hinter der Fassade der süßen Selbstaufopferung lauert die böse Hexe, die üble Zwillingsschwester der guten Fee. Sie wird von Loretta gespielt, die einen kurzen Lederrock und raffinierte Stiefel trägt. Die böse Hexe ist ein Biest und sie sagt: »Nutz mich ruhig aus, du Blutsauger, du.« Groll kocht in ihrem Herzen und sie stößt genau diejenigen vor den Kopf, die sie so sehr zu lieben versucht. Aber dann hat sie Schuldgefühle, die sie sofort in harsche Selbstvorwürfe verwandelt und in Kritik gegen alle, die ihr in die Quere kommen, wenn sie auf dem Kriegspfad ist. Die innere Stimme, die Ihnen ständig sagt, was Sie noch besser hätten machen können, ist ihre Stimme. Es ist dieselbe Stimme, die jammert und klagt und alle anderen für die eigene Erschöpfung verantwortlich macht. Wenn sie sich schlecht genug fühlt, verschwindet die böse Hexe und die gute Fee kommt hervor, die alles bereut und mit zuckersüßem Tun und Geben wieder gutmacht. Und so geht der Tanz immer weiter. Die böse Hexe und die gute Fee sind an der Hüfte zusammengewachsen.

Cathi Hanauer hat ein Buch mit dem Titel *The Bitch in the House: 26 Women Tell the Truth about Sex, Solitude, Work, Motherhood, and Marriage* herausgegeben. Dieses Buch ist ein Resultat ihrer eigenen Erfahrung zu einer Zeit, als ihr die böse Hexe ständig in den Ohren lag und sich über Unzulänglichkeiten im Haushalt beschwerte, was sie ärgerte und erschöpfte.

Hanauers Buch beginnt mit einem Auszug aus Virginia Woolfs Essay »Berufe für Frauen«. Hier stellt Woolf ihren berühmten Begriff »Engel im Haus« vor. Diese sich selbst aufopfernde engelgleiche Frau ist der guten Fee sehr ähnlich. Woolf beschreibt sie als empathisch und liebenswürdig und als Meisterin in der Kunst des Familienlebens. Sie achtet stets darauf, auf dem Stuhl zu sitzen, der da steht, wo es zieht, und legt den Hals des Hühnchens auf ihren Teller, während sie die guten Stücke an andere abgibt.

Einer der Aufsätze in Hanauers Buch heißt »Attila the Honey I'm Home« und stammt von Kristin van Ogtrop. Sie schreibt:

»Das sind die Sätze, die Leute – also gut, die Mitglieder meiner Familie – über mich als Hausfrau gesagt haben:

- Mama ist immer schlecht gelaunt.
- Warum bist du so angespannt?
- Beruhige dich doch.
- Du brauchst nicht zu schreien!
- Du bist einfach zu gemein, um in diesem Haus zu leben, und ich möchte, dass du für den Rest deines Lebens wieder arbeiten gehst. [4]

Das also hat es mit Grenzen auf sich. Starke Grenzen sorgen nicht nur dafür, dass Ihre Energie auf das Wichtige fokussiert bleibt und Sie Zeit und Raum für sich selbst haben, sondern bewahren Sie auch vor einer Aufspaltung in Licht und Schatten. Wenn Sie sich die Gegensatzpaare böse Hexe und gute Fee oder Engel des Hauses und Hausdrachen vor Augen führen, dann ist keines davon Ihr wahres Selbst. Wahres Mitgefühl äußert sich nicht darin, dass man die Wünsche aller anderen erfüllt, während man selbst vor Wut schäumend in einer zugigen Ecke sitzt, sondern vielmehr darin, dass man die Dinge tut, die man für sich selbst tun muss, um in seiner Mitte zu bleiben. Nur wenn Sie in Ihrer Mitte sind, können Sie zwischen echter, mitfühlender Fürsorge und dem angstvoll kontrollierenden Verhalten einer Abhängigen unterscheiden. Das ist es, was wir unseren Töchtern beibringen müssen. Aber zunächst müssen wir es selbst lernen.

5

Die Essenz der Unerschrockenheit

Ich habe mich in die Arbeit von Pema Chödrön, einer amerikanischen Buddhistin, verliebt, als ich ihr Buch *Geh an die Orte, die du fürchtest* las. Dort fasst sie in einem Satz zusammen, welche Art von Mut es erfordert, sich mit seinen eigenen Emotionen zu konfrontieren: »Die Essenz der Unerschrockenheit ist, dass man sich selbst nichts vormacht.«

Hier ist eine Geschichte über Tapferkeit. Wir saßen um einen Tisch in einem chinesischen Restaurant – drei intelligente Frauen, die sich vorbeugten, um einander zuzuhören und kein Wort der intensiven Unterhaltung zu verpassen, die sie führten. Vor einem Monat hatte sich Annie von ihrem Mann getrennt, mit dem sie vier Jahre lang verheiratet gewesen war. Sie sah hohläugig und traurig aus. Aber noch trauriger war es anzusehen, welche Anstrengungen sie unternahm, so geistreich und witzig wie immer zu sein. Für mich fühlte es sich an, als habe man sie mit Zementblöcken an den Beinen in einen Fluss geworfen. Jeder Gedanke, jeder Atemzug fiel ihr schwer, während sie versuchte, sich über Wasser zu halten. Annies Körper saß mit uns am Tisch, aber ihre Gedanken und Emotionen schienen meilenweit entfernt. Die Dritte in unserer Runde war Marcy, die zu den erfrischend direkten Typen gehört. Sie beugte sich über den Tisch, nahm Annies

Kopf sanft in beide Hände und strich ihr eine ihrer blonden Haarsträhnen aus dem Gesicht. »He, Honigbär«, sagte sie mit vor Zärtlichkeit weicher Stimme, »du siehst Scheiße aus. Ich habe mir Sorgen um dich gemacht. Wie geht's dir? Nein, ich meine wirklich ... *wirklich.*«

Der Damm brach und in mächtigen Strömen aus Wut, Schmerz und Traurigkeit quoll Annies Geschichte hervor. Es hatte sich herausgestellt, dass Erik, Annies sanftmütiger Englischlehrer-Ehemann, süchtig nach Sex war. Mein Herz brach für sie und ich fragte mich, wie lange sie es schon gewusst und welchen emotionalen Preis dieses Wissen von ihr gefordert hatte. Ich fragte sie, wann Eriks Doppelleben ans Licht gekommen sei.

Annie senkte den Kopf und weinte, bevor sie wieder aufschaute. »Ich habe es vermutet, bevor wir verlobt waren«, flüsterte sie fast tonlos, »aber ich wollte es einfach nicht wahrhaben. Ich hoffte, dass ich mich geirrt hatte, oder dass alles gut werden würde, wenn wir erst verheiratet wären. Aber das war nicht der Fall. Wenn ich auf Geschäftsreisen war, war es sehr schwer, Erik zu erreichen. Er war fast nie zu Hause, wenn ich nachts anrief, und sein Handy war immer ausgeschaltet. Er sagte, er sei in der Bibliothek gewesen, bei Konferenzen, habe Freunde besucht, an seinem Tisch bei Barton's Books gesessen oder eine Nachtwanderung gemacht. Wie viele Entschuldigungen können einem einfallen? Und ich gab vor, sie alle zu glauben. Ich *wollte* sie alle glauben. Ich war erleichtert, wenn er eine zumindest halbwegs glaubhafte Geschichte vorbrachte.«

Annie hatte sich in einer schrecklichen Situation eingerichtet, indem sie sich eines üblichen emotionalen Verteidigungsmechanismus bediente: der Verleugnung. Und Verleugnung ist nicht unbedingt etwas Schlechtes. Ein berühmter Psychiater hat einmal geschrieben, dass wir ohne sie morgens gar nicht aus dem Bett kämen. Sie hilft uns, mit den Unwägbarkeiten und kleineren Sorgen des Lebens so weit umzugehen, dass sie uns nicht ständig verfolgen. Aber wenn wir uns selbst in Gefahr bringen, indem wir uns weigern zu wissen, was wir wissen, wird aus einer milden Form des Selbstschutzes ein offenes Tor zur Selbstzerstörung.

Obwohl Annie wusste, was mit ihrem Mann los war, zog sie es vor, so zu tun, als wisse sie nichts, damit sie die Illusion eines glücklichen Lebens aufrechterhalten konnte. Doch der emotionale und physische Preis, den sie dafür bezahlte, war exorbitant. Sie sah aus, als sei sie in den vier Jahren ihrer Ehe mit Erik um zehn Jahre gealtert. Und hinter der gelassenen Fassade, die sie der Welt präsentierte, blubberten Wut und Angst wie ein Geysir kurz vor dem Ausbruch. Weil sie sich nicht direkt mit diesen Emotionen auseinander setzen konnte, äußerten sie sich in Kopfschmerzen, hohem Blutdruck, Muskelverspannungen und Schlaflosigkeit.

Marcy, die nicht zu denen gehört, die irgendetwas unterdrücken, stürzte sich sofort in ihre eigenen Gefühle. »Diese Laus! Diese Ratte! Du must doch stinksauer auf ihn sein, Süße. Und wahrscheinlich hast du diesen Mist schon verdammt lange hingenommen. Wie bist du mit all der Wut umgegangen? Wenn ich du gewesen wäre, hätte meine Ausstrahlung das Haus in Brand gesteckt.«

Annie lachte. »Welche Wut, Marcy? Sobald er eine seiner Entschuldigungen vorbrachte, ist meine Wut einfach verschwunden.«

»Und was glaubst du, wohin sie verschwunden ist?«, fragte Marcy und schlürfte ihren Jasmintee.

Annie dachte ein paar Minuten lang nach und schüttelte dann nur den Kopf. »Ich weiß es wirklich nicht. Es klingt unwahrscheinlich, dass ich mich einfach damit abgefunden habe und die meiste Zeit eher gelassen war. Aber um ehrlich zu sein, glaube ich, dass sich die Wut gegen mich selbst gerichtet hat.«

»Und wie hast du das gemacht, Süße? Welche Geschichte hast du dir selbst erzählt?«, fragte Marcy und bedeckte Annies zierliche Hand mit ihren Händen.

»Ich erzähle sie immer noch, Freundin. Hier ist die Geschichte.« Annie stürzte sich in eine stakkatoähnliche Aufzählung ihrer Geschichte und machte bei jedem Satz mit dem Zeigefinger einen Punkt in die Luft, als wolle sie ein Liste abhaken.

»Ich bin ein Idiot, ein co-abhängiger Idiot. Ich hätte Erik von vornherein nicht heiraten sollen. Ich bin stur und habe mich geweigert zu wissen, was ich wusste. Ich habe mir selbst den Rücken zugedreht. Ich habe mich selbst betrogen. Die ganze Zeit war ich in ein Phantom verliebt. Ich bin der klassische Enabler. Mit Anfang zwanzig bin ich jahrelang zu Al-Anon gegangen, weil mein Vater Alkoholiker war. Ich weiß alles über Süchte. Und ich weiß, dass Co-Abhängigkeit die gefährlichste Sucht von allen ist. Also bin ich hoffnungslos, ein Al-Anon-Fehlschlag. Ich kann mir selbst nicht vertrauen. Und wenn ich mir selbst nicht vertrauen kann, kann ich niemals eine gesunde Beziehung haben. Ich kann niemals lieben.«

Marcy schüttelte den Kopf und löste die Spannung mit einem Kichern auf. »Hör auf, dich selbst zu terrorisieren, du Oberdramatikerin. Glaubst du, du bist die Einzige, die je einen Fehler gemacht hat? In meinen Augen ist dein größtes Problem deine Art, dich selbst an den Pranger zu stellen. In einem Punkt hast du Recht, nämlich dort, wo es darum geht, was du mit deiner Wut machst – du richtest sie gegen dich selbst, und du bist ein gnadenloses Biest. Wäre es dir eventuell möglich, einen kleinen Schritt in Richtung Loslassen deiner Geschichte und sanft zu dir selbst sein zu machen?«

Während ich das Hin und Her der beiden beobachtete, merkte ich, dass Annie aufmerksam bei der Sache war und jedes Wort in sich aufsaugte wie ein Schwamm.

Marcy fuhr fort: »Hier und jetzt gibt es nur eine Wahrheit, nämlich das, was du fühlst. Halt einen Moment inne und stimm dich darauf ein. Was ist es? Was fühlst du?«

Nach einer Weile antwortete Annie: »Ich bin so traurig. Ich habe einen Knoten im Hals und mein Herz schmerzt. Es fühlt sich fast an, als wollte ich aufgeben.«

Marcy versuchte nicht, Annie zu trösten, sie aufzuheitern oder einen Scherz zu machen, ja noch nicht einmal, ihre Hand zu halten. »Atme einfach und bleib bei diesen Gefühlen. Widme ihnen von einem Moment zum anderen deine ganze Aufmerksamkeit. Ergib dich dem, was für dich wahr ist, Schatz. Nur dem kannst du vertrauen.«

In tiefer, nachdenklicher Stille saßen wir drei am Tisch. Nach ein paar Minuten wurde Annies Gesicht allmählich weicher. Sie atmete etwas tiefer, begann sich zu entspannen und öffnete dann die Augen.

Marcy nahm ihre Hand und lächelte in ihre von Tränen verquollenen Augen. »Du bist eine traurige Frau. Trauer ist weder gut noch schlecht. Sie ist nur, was sie ist. Wehr dich nicht dagegen und schieb sie nicht beiseite. Kannst du sie einfach da sein lassen? Wenn du der Trauer ein wenig Raum gibst, wird sie hochkommen und dir eine Zeitlang Schmerzen bereiten, aber dann wird sie wieder gehen. Sie bleibt nicht für immer, Annie. Und sie wird dich nicht überwältigen, wenn du bei dem Gefühl bleiben kannst, statt dich in all diesen Geschichten zu verstricken, die davon handeln, wie hoffnungslos und schlecht du bist. Später hast du noch genug Zeit für Einsicht und Heilung. Abe nicht jetzt, Süße. Jetzt geht es darum, sanft zu dir selbst zu sein. Die ganze Geschichte, wie schlecht du warst und dass du dir selbst nicht vertraust, lässt du jetzt einfach mal los. Vertrauen wächst, wenn du für deine Gefühle präsent bist, denn das ist die einzige Möglichkeit, ehrlich zu sich selbst zu sein. Es ist das Gegenteil von Verleugnung. Und in der Zwischenzeit«, fügte sie mit einem Leuchten in den Augen hinzu, »keine Männer. Sie haben Hausarrest!«

Marcy brachte Annie bei, sich selbst eine gute Freundin zu sein. Sie zeigte ihr, wie sie zuhören und offen sein konnte, ohne sich der Wahrheit des Augenblicks zu widersetzen. Annies Plan war immer ein anderer gewesen. Sie dachte, sie könne sich selbst vielleicht irgendwann einmal lieben und respektieren lernen, wenn sie all die Muster durchschaut hatte, die sie immer wieder dazu brachten, sich den falschen Mann auszusuchen. Der Selbstrespekt musste warten, bis sie sich felsenfest darauf verlassen konnte, dass sie in der Liebe keinen Fehler mehr machte. Aber Selbstrespekt ist etwas, das Sie nur jetzt erfahren können. Er erwächst aus Ihrer Bereitschaft, für das präsent zu sein, was gerade ist; aus Ihrer Bereitschaft, unerschrocken zu sein und sich selbst nichts vorzumachen.

Wenn Sie den Mut haben, mit dem zu sein, was emotional wahr für Sie ist, bekommen Sie die Informationen, die Sie brauchen, um Veränderungen in Ihrem Leben vorzunehmen. Das ist die Funktion von Emotionen. Der Familientherapeut

John Bradshaw nennt sie »e-motions«, Energie in Bewegung. Emotionen sind dazu da, Sie voranzubringen und Ihnen Rückmeldungen zu geben, damit Sie Ihren Kurs halten können. Zu fühlen, was Sie fühlen, und zu wissen, was Sie wissen, ist eine Möglichkeit, im Hier und Jetzt zu bleiben. Es ist eine Art, auf die Weisheit Ihres Herzens zu hören und den Frieden zu fühlen, der unter den aufgewühlten Wassern Ihrer schwierigen Emotionen immer da ist.

6

Auf die Geschäftigkeit hören

Eines Tages gab ich einen Workshop für Frauen, die im Gesundheitswesen tätig waren und ständig Höchstleistungen erbringen mussten. Diese Ärztinnen, Krankenschwestern, Therapeutinnen und Geschäftsführerinnen gehörten zu den meistbeschäftigten Frauen auf diesem Planeten und viele von ihnen trugen eine über Leben und Tod entscheidende Verantwortung. Es war der dritte Tag einer Konferenz zum Thema Frauengesundheit, und ausnahmsweise beschäftigten wir uns mit *unserer eigenen* Gesundheit. Wir unterhielten uns gerade darüber, wie wir auf uns selbst aufpassen können, während wir so damit beschäftigt sind, uns um andere zu kümmern, und zwar sowohl am Arbeitsplatz als auch zu Hause.

Auf der intellektuellen Ebene waren wir uns alle einig. Fast jede Frau versteht die Metapher aus der Luftfahrt, die besagt, dass man erst seine eigene Sauerstoffmaske aufsetzen muss, bevor man sich um andere kümmern kann, die vielleicht Hilfe brauchen. Aber diese Metapher auch emotional zu verstehen, sie sozusagen im Bauch zu fühlen, dort, wo die Weisheit wohnt, ist eine völlig andere Erfahrung.

Ich bat die Gruppe, die Augen zu schließen und sich nur auf das Gefühl der Geschäftigkeit zu konzentrieren, statt auf die eigenen Geschichten darüber. Vielleicht möchten Sie die Übung, die wir gemacht haben, selbst ausprobieren, am besten mit einer oder zwei Freundinnen. (Die Anleitung finden Sie unten.) Machen Sie immer da, wo drei Punkte stehen, eine Pause, damit Sie Ihre Reaktionen achtsam wahrnehmen können. Es gibt keine richtige oder falsche Erfahrung. Ziel der Übung ist ein sanftes, offenes Gewahrsein Ihrer Gefühle.

> Denken Sie an einen typischen geschäftigen Arbeitstag. … Wie viel Uhr ist es? … Was machen Sie gerade? … Sind Sie bei der Arbeit? … Zu Hause? … Wer ist noch da? … Was sagen Sie zu sich selbst? … Lassen Sie jetzt alle Geschichten los, die Sie im Kopf haben. … Stimmen Sie sich ganz auf Ihren Körper ein. … Was fühlen Sie? …Wo fühlen Sie es? … Sind Sie aufgeregt oder voller Energie? … Haben Sie Schmetterlinge im Bauch? … Fühlt sich Ihre Brust eng an? … Sind Sie im Frieden mit sich selbst? … Sind Sie angespannt? … Folgen Sie den Empfindungen, wo immer diese Sie hinführen. Versuchen Sie nicht, sie zu vertreiben oder zu verändern. … Beobachten Sie einfach, was Sie fühlen, ohne ein positives oder negatives Urteil darüber abzugeben. … Das Einzige, was zählt, ist Ihre Bereitschaft, sich Ihrer Gefühle bewusst zu sein und präsent zu bleiben.

Nach dieser Übung saßen die Frauen in Dreiergruppen zusammen und tauschten ihre Erfahrungen aus, so ähnlich wie Annie, Marcy und ich in dem chinesischen Restaurant zusammengesessen und uns unterhalten hatten. Die Fassaden der Macht – Ärztinnen gegen Krankenschwestern, Fachärztinnen gegen Hausärztinnen, Geschäftsführerinnen gegen Hilfspersonal – lösten sich in Luft auf. Es gab nur noch

Frauen, die sich die Wahrheit über ihr Leben erzählten, die ins Hier und Jetzt kamen um zu hören, wie sich Geschäftigkeit im Innern anfühlt.

Die am häufigsten durch Geschäftigkeit hervorgerufenen Gefühle waren Besorgnis, Angst, Traurigkeit, Kummer, Einsamkeit und Wut. Es gab viele Tränen, viele Umarmungen und gemurmelte Worte des Trostes und des Verstehens, als die Frauen ihren Gefühlen freien Lauf ließen. Sie können über Geschäftigkeit reden und dabei ganz im Kopf bleiben, oder Sie gehen in Ihr Herz und nehmen die emotionale Realität der Geschäftigkeit in Ihrem Körper wahr. Indem Sie bereit sind, das zu tun, geben Sie den Emotionen Raum, in dem sie wirken können. Dann werden Ihre Emotionen Sie informieren, energetisieren und motivieren, Ihr Leben in Übereinstimmung mit dem zu leben, was für Sie als mitfühlendes und liebendes menschliches Wesen am wichtigsten ist.

Die traurige Ironie dieser Übung war die Erkenntnis einiger Frauen, dass sie sich noch viel mehr aufhalsten, als nötig war, weil sie dadurch, dass sie ständig beschäftigt waren, verhindern konnten, dass unangenehme Gefühle an die Oberfläche kamen. Wenn Ihr Leben an dem Punkt angelangt ist, an dem Sie lieber staubsaugen, als Ihre innere Leere oder Einsamkeit zu fühlen, dann ist es höchste Zeit, dass Sie die Verbindung zu Ihrer inneren Weisheit stärken. Das erfordert Mut. Vielleicht müssen Sie an Ihrer Heilung arbeiten oder schwierige Entscheidungen treffen. Auf sich selbst zu hören – Raum zu schaffen, in dem die Stimme des eigenen Herzens gehört werden kann – und mit tief empfundener Zärtlichkeit präsent für das zu bleiben, was wahr ist, ist eine wichtige Fertigkeit zur Erlangung inneren Friedens.

Zehn Minuten meditativer Ruhe am Morgen, jeden Tag ein wenig Zeit zum Tagebuchschreiben oder ein zwanzigminütiger stiller Spaziergang, all das sind Gelegenheiten zum Hören. Wenn Sie auch nur einen kleinen Schritt auf die Stille des Seins zugehen, kann die emotionale Energie, die Sie dort finden, als Friedenstifter und Gesandter der Weisheit zu wirken beginnen.

7

Frauen und Stress – Hinwendung und Kontaktaufnahme

Ich habe ein paar dauerhafte Freundschaften bei Konferenzen auf der Damentoilette geschlossen. Die Schlangen sind lang, soziale Unterschiede spielen so gut wie keine Rolle (schließlich sind wir alle in der gleichen Mission unterwegs) und alle haben kurzfristig jede Menge Zeit. Frauen können sofort und überall Kontakt miteinander aufnehmen, wenn sie auch nur halbwegs Gelegenheit dazu bekommen. In der Toilette eines Konferenzhotels können wir ein Gespräch damit beginnen, dass wir die Vorträge diskutieren, die am Morgen gehalten wurden. Von da ist es nur ein Katzensprung zu den Vorteilen eines elastischen Rock- oder Hosenbunds und von da zur ehrlichen Aussprache über das, was in unserem Leben gerade passiert. Ich habe einmal beobachtet, wie eine Frau, die sich kürzlich von ihrem Mann getrennt hatte, während einer Kaffeepause von völlig fremden Menschen Unterstützung, Rat und den Namen eines Scheidungsmediators bekam.

Je mehr Stress wir Frauen haben, desto schneller verbinden wir uns, um nicht hysterisch zu werden. Wenn Sie irgendeine Frau fragen, ob ihr aufgefallen ist, dass Männer anders handeln, werden Sie einen erstaunten Blick ernten. Ist es uns aufgefallen? Wie kann einem die Tatsache entgehen, dass Männer die Tendenz haben, sich zu isolieren und in sich selbst zurückzuziehen, wenn sie unter Stress stehen? Dennoch fangen Wissenschaftler gerade erst an, das Offensichtliche zur Kenntnis zu nehmen.

Eine neuere Theorie über die unterschiedlichen Reaktionen der Geschlechter auf Stress wurde als wissenschaftlicher Durchbruch gefeiert und ging auch von Frau zu Frau durchs Internet. Sie besagt: Obwohl Männer und Frauen zunächst mit ähnlichen physischen Reaktionen auf Bedrohung antworten – schnellerer Pulsschlag, vermehrter Blutandrang und erhöhte Muskelspannung –, benutzen Männer diese gesteigerte Kraft, um zu kämpfen oder zu fliehen, während sich die Reaktionen von Frauen um Bindung und Ernährung drehen. Wenn wir nämlich unsere Babys im Stich lassen und vor einem herumstreunenden Löwen fliehen würden, wären unsere schutzlosen Kinder bald dessen Abendessen. Und wenn wir im Kampf gegen den Löwen unterliegen würden, wären sie mutterlose Waisen. Es macht also Sinn, dass die Natur für Frauen eine Alternative zur Kampf- und Fluchtreaktion bereithält.

Shelley Taylor, Professorin für Gesundheitspsychologie an der UCLA (Universität von Kalifornien in Los Angeles), war die erste Forscherin, die den Glauben in Frage stellte, dass sowohl Männer als auch Frauen mit Flucht oder Kampf auf Stress reagieren. Taylor und ihre weiblichen Kollegen hatten ein Aha-Erlebnis, als ihnen klar wurde, dass fast alle Stressversuche mit männlichen Tieren und Menschen durchgeführt worden waren. Es gibt übrigens einen ganz pragmatischen Grund, warum man für biologische Forschungsprojekte männliche Ratten, Mäuse, Affen und Studenten nimmt.

Weibchen haben Reproduktionszyklen, und die sich verändernden Hormonspiegel machen die ermittelten Daten schwer interpretierbar. Männchen hingegen haben ein stabileres physiologisches Profil, das die Daten leichter analysierbar macht. Die Forscher sind also jahrelang einfach davon ausgegangen, dass ein Forschungsergebnis, das für Männer verifiziert worden war, auch auf Frauen zutraf. Sogar die ursprünglichen Brustkrebsforschungen waren an männlichen Ratten durchgeführt worden!

Erst im Laufe der letzten zehn Jahren haben Forscher das Offensichtliche anerkannt: Frauen sind mehr als zu klein geratene Männer mit Brüsten und Eierstöcken. Unsere körperlichen Unterschiede haben nicht nur etwas mit geschlechtsspezifischen Hormonen zu tun, sondern betreffen die meisten Körpersysteme. Taylor und ihr Forschungsteam sammelten Ideen zu möglichen geschlechtsspezifisch unterschiedlichen Reaktionen auf Stress. Sie spekulierten zunächst, wie unsere weiblichen Ahnen draußen in der Savanne wohl kooperiert hatten, wenn sie sich Angreifern gegenüber sahen. Konnte es sein, dass die Männer die Räuber von ihren Gefährtinnen weggelockt und die Frauen die Kinder beruhigt und sich dann unauffällig davongemacht hatten, während die Männer den Kampf ausfochten? Die männliche Flucht- oder Kampf-Antwort wäre dann die perfekte Ergänzung zur weiblichen Reaktion der Hinwendung und Kontaktaufnahme.

Hinwendung hat etwas damit zu tun, dass man sich um andere kümmert. Wenn eine Frau Babys und kleine Kinder beruhigen und beschwichtigen kann, ist ein heimlicher Rückzug möglich. Wenn Sie jemals Berichte über die Kriege der nordamerikanischen Indianer gelesen haben, werden Sie die Hinwendungsantwort für sehr wahrscheinlich halten. Die unmittelbare Antwort der Frauen auf einen Angriff bestand darin, die Kinder zu beruhigen und sie an relativ sichere Orte zu bringen. Ein schreiendes Baby oder ein mäkeliges Kleinkind konnte den Aufenthaltsort des Stammes verraten und den Tod aller bedeuten. So grausam es auch klingen mag, aber Babys, die nicht beruhigt werden konnten, wurden manchmal mit dem Einverständnis aller getötet, um den Rest des Volkes zu retten.

Kontaktaufnahme ergänzt die Hinwendung. Frauen, die Kontakt miteinander aufnehmen und sich gegenseitig helfen, indem sie Freundinnen werden, vergrößern die Überlebenschancen für alle, vor allem wenn sie auf der Flucht sind oder wenn die Männer getötet oder verwundet wurden.

Jetzt fragen Sie sich vielleicht, was das alles mit der Arbeit am inneren Gleichgewicht und mit Ihnen und Ihrer Familie zu tun hat? In Ihrem Buch *The Tending Instinct: How Nurturing Is Essential to Who We Are and How We Live* erwähnt Taylor die Forschungsergebnisse einer anderen UCLA-Psychologin, Rena Repetti. Repetti interessiert sich dafür, wie Männer und Frauen Stress bewältigen, während sie der Doppelbelastung von Familie und Beruf ausgesetzt sind. Ihr Ansatz besteht unter anderem darin, dass sie berufstätige Eltern – und ihre Kinder – Fragebögen ausfüllen lässt, in denen es um alltägliche Dinge geht. Dabei stellte sich heraus, dass sich Mütter und Väter, die einen stressigen Tag hinter sich haben, zu Hause sehr unterschiedlich verhalten. Wenn Väter Stress bei der Arbeit hatten, nörgeln sie zu Hause. Es ist viel wahrscheinlicher, dass Väter die Aggression verdrängen und statt dessen mit belanglosen Beschwerden auf ihrer Frau und ihren Kindern herumhacken. Mütter hingegen verbringen nach einem schlechten Arbeitstag mehr Zeit mit ihren Kindern und schenken ihren Bedürfnissen mehr Aufmerksamkeit. Mit anderen Worten: Mütter neigen unter Stress zur Hinwendung.

Aber nicht nur die Kinder profitieren von dieser Hinwendung. Auch für die Frauen ist es eine wichtige Möglichkeit, *sich selbst* zu beruhigen. Wir wenden uns unter anderem deshalb einander zu, weil es sich für uns selbst nährend und beruhigend anfühlt, andere zu nähren und uns mit ihnen zu verbinden. Das Hormon Oxytocin ist zumindest teilweise des Rätsels Lösung. Als ich in den 1960er Jahren für meine Doktorprüfung in Medizin lernte, wussten wir, dass Oxytocin sowohl für das Einschießen der Milch als auch für den Beginn der Geburtswehen eine Rolle spielt. Jetzt wissen wir, dass es auch unter Stress ausgeschüttet wird. Als ich *The Tending Instinct* las, sprachen mich drei Zeilen so an, dass ich Gänsehaut bekam. Taylor schreibt: »Die Empfindungen, die die Ausschüttung von Oxytocin begleiten, sind von besonderem Interesse. Unmittelbar nach der Geburt stellt sich bei den meisten Frauen eine tiefe Ruhe und Gelassenheit ein. Sie haben gerade eines der intensivsten und schmerzhaftesten Erlebnisse Ihres Lebens überstanden ... Aber diese Ruhe ist mehr als das, was aus der Erleichterung am Ende einer schmerzhaften Erfahrung entsteht. Sie hat eine jenseitige Qualität.«[5]

Als Andrei geboren wurde, lag ich bereits eine Woche lang mit Lungenentzündung im Krankenhaus. Die Geburt war besonders schwierig, weil ich schon so überaus entkräftet war. Doch unmittelbar nachdem er geboren war, fühlte ich mich von einem unbeschreiblichen Frieden umgeben. Es fühlte sich an, als käme ich nach Hause zu Gott und würde in

Flügel des Entzückens gehüllt. Guter Stoff, dieses Oxytocin. Unter seinem Einfluss fühlen wir den Frieden und die Verbundenheit, die uns hilft, eine Bindung zu unserem Neugeborenen aufzubauen. Wenn wir gestresst sind, hilft es uns, uns selbst zu beruhigen, indem wir die Verbindung zu unseren Kindern stärken, aber auch zu Geliebten, Freunden und sogar zu Fremden, die wir während der Kaffeepause treffen. Oxytocin beruhigt und tröstet Frauen, und wir beruhigen und trösten andere. Das hat die Natur sehr gut eingerichtet.

Ich wünschte, ich hätte etwas über die unterschiedlichen Stressreaktionen von Frauen und Männern gewusst, als ich noch jünger war. Vielleicht hätte ich dann nicht über die pingelige Übellaunigkeit meines Mannes und seinen Wunsch, am Ende eines stressigen Arbeitstags allein zu sein, genörgelt, sondern erkannt, dass er nur tat, was ganz natürlich für ihn war. Es war nicht persönlich gemeint. Statt aus seiner Gereiztheit eine große Sache zu machen, hätte ich ihn vielleicht einfach in Ruhe lassen und damit vermeiden können, dass unser Leben noch stressiger wurde.

Wenn ich von der Arbeit gestresst war und auf ganz natürliche Weise Trost und Ruhe darin fand, dass ich mich um die Jungs kümmerte, hätte ich erleichtert und dankbar aufatmen können, weil mich um sie zu kümmern auch mich beruhigte. Statt mich darüber zu beschweren, dass mein Tag schon nervig gewesen war und ich nun auch noch meinen Abend drangeben und mich um die Kinder kümmern musste, weil mein Mann allein sein wollte, hätte ich anerkennen können, dass alles genau richtig war. Später hätte ich mich dann ans Telefon hängen, eine meiner Freundinnen anrufen und die Dinge, die mir im Kopf herumschwirrten, mit ihr besprechen können, damit sie sich nicht in meinem Körper festsetzen mussten. Mit dem Oxytocinschub hätte ich meinen Tag dann in aller Ruhe beenden können, zufrieden darüber, dass ich den Stress durch Hinwenden und Kontaktaufnahme bewältigt hatte.

8

Schuld und Scham

Wenn ich Vorträge auf Frauenkonferenzen halte, bitte ich oft um Handzeichen. »Wie viele von Ihnen sind oder waren berufstätige Mütter?« Die meisten Hände gehen hoch. Dann frage ich: »Wie viele von Ihnen fühlen sich schuldig?« Meist gehen die selben Hände wieder hoch. Wenn der Rahmen intim genug ist, stelle ich manchmal noch eine etwas delikatere Frage: »Wie viele von Ihnen möchten gern Kinder, haben aber Probleme, schwanger zu werden oder waren nie in der Lage, ein Kind zu empfangen?« Viel weniger Hände gehen hoch, aber seit mehr und mehr Frauen warten, bis sie älter sind, um Kinder zu bekommen, steigt die Zahl derer, die nicht schwanger werden können. Dann frage ich vielleicht: »Fühlen Sie sich schuldig wegen Ihrer Unfruchtbarkeit?«Und natürlich fühlen sich einige Frauen deswegen schuldig. Ihre Gründe sind unterschiedlich. Manche führen frühere Abtreibungen an; andere die Tatsache, dass sie ihre Schwangerschaft zugunsten ihrer Karriere hinausgeschoben haben; wieder andere glauben, Gott wolle sie bestrafen, und einige bedauern, dass sie zu beschäftigt und zu gestresst sind, um schwanger werden zu können.

Schuld ist ein Gefühl, das sich wie ein roter Faden durch das Leben der meisten Frauen zieht. Vor allem berufstätige

Mütter sprechen davon, dass sie sich zwischen ihren Kindern und ihrer Arbeit hin und her gerissen fühlen und dass es ihnen das Herz bricht, wenn sie nicht für ihre Kinder da sein können. Zu den Forschungen des verstorbenen Yale-Psychologen Daniel Levinson gehörten auch Interviews mit berufstätigen Müttern, in denen diese nach ihren Prioritäten gefragt wurden. Die meisten Frauen sagten, dass ihre Kinder am wichtigsten seien, der Beruf hatte die nächste Priorität, Ehemänner oder Partner (so vorhanden) folgten auf einem weit entfernten dritten Platz und Freundinnen trotteten auf Platz vier hinterher, weil einfach nicht genug Zeit blieb, diese Freundschaften zu pflegen. Das ist eine traurige Tatsache, weil Freundinnen so wichtig sind, wenn es darum geht, Stress zu vermindern und Fülle und Schönheit in unser Leben zu bringen.

Das Unfassbarste an Levinsons Studie ist die ernüchternde Tatsache, dass die wichtigste Priorität der Frauen sehr oft nicht erfüllt werden kann. Wir möchten, dass unsere Kinder an erster Stelle stehen, aber wenn am Arbeitsplatz irgend etwas kritisch wird, bekommt es in der Regel unsere volle Aufmerksamkeit. Ich erinnere mich an ein Ereignis, als meine Kinder noch klein waren. Ich war an der Ausarbeitung einer Mikroskopierprüfung für 150 Medizinstudenten beteiligt und kam irgendwann um Mitternacht nach Hause. Als ich am nächsten Tag früh aufstand, um möglichst schnell zu meiner Arbeit zurückzufahren und die Prüfung abzunehmen, hatten Andrei und Justin beide Windpocken. Natürlich wollte ich zu Hause bleiben und mich um sie kümmern, aber es stand außer Frage, die letzte Prüfung für 150 Medizinstudenten ausfallen zu lassen. Also blieben die Kinder mit einem Babysitter zurück und ich hatte Schuldgefühle.

Für viele Frauen sieht die Realität so aus, dass die Arbeit an erster Stelle steht und die Kinder an zweiter – auch wenn sie sich selbst immer wieder sagen, dass es anders herum sein sollte. Wenn unsere Handlungen mit unseren Prioritäten vereinbar sind, fühlen wir uns ganz und im Frieden. Das, was außerhalb von uns ist, passt zu dem, was in uns ist und wir fühlen uns authentisch und integer. Doch wenn wir wichtigen Prioritäten nicht gerecht werden können, meldet sich unser Schuldgefühl. »Was denkst du dir eigentlich?«, fragt es. »Das war ja wohl nicht so abgemacht. Warum reißt du dich nicht zusammen, fliegst richtig und kommst wieder auf Kurs?«

Schuld ist ein gesundes Gefühl, denn sie stellt uns Fragen, die uns zu unserem besten Selbst führen und zu einer erleuchteten, mitfühlenden Handlungsweise. In einer idealen Welt nehmen wir die Veränderungen vor, die das klare und direkte Führungssystem der Schuld uns vorschlägt, und leben dann besser zentriert und authentischer weiter. Und wenn wir die Veränderungen, die unsere Prioritäten in die richtige Reihenfolge bringen, nicht vornehmen können, müssen wir die Tatsache anerkennen, dass wir die Reihenfolge unserer Prioritäten ändern müssen, und unseren Frieden mit ihr machen. So oder so müssen wir ehrlich zu uns selbst und unseren Lieben sein.

Wenn Sie die Veränderungen, die Sie zur Integrität führen, nicht vornehmen, verwandelt sich gesundes Schuldgefühl in Scham oder verbindet sich mit der Scham, die Sie bereits mit sich herumschleppen. Ihre Fehler und Schwächen spielen sich immer und immer wieder in Ihrem Geist ab wie eine kaputte Schallplatte und Sie finden keinen Frieden. Scham ist eine ungesunde Emotion. Es ist nicht die Stimme, die Sie an das erinnert, was am wertvollsten ist, damit Sie in Einklang damit leben können. Nein, die Stimme der Scham ist eine gemeine Hyäne, die Sie stets herunterzieht und Ihnen die Schuld an allem gibt, was nicht perfekt ist in Ihrem Leben. Wenn die Scham einmal die Oberhand gewonnen hat, ist nichts, was Sie tun, jemals gut genug. *Sie* sind niemals genug. Scham hat weniger mit dem zu tun, was Sie tun, als mit dem, was Sie sind. Anders als die Schuld, die verschwindet, wenn Sie entsprechend ihrer Botschaft handeln, ist Scham von Dauer.

Wenn Sie die folgende Geschichte lesen, die ich über meine eigenen mütterlichen Schuldgefühle geschrieben habe, werden Sie verstehen, dass diese Geschichte auch von Scham handelt. Scham ist ein lähmendes Gefühl, weil ihr die Furcht zugrunde liegt, dass Sie niemals gut genug sein werden. Warum sollten Sie also überhaupt versuchen, ein besseres Leben zu führen? Ein Teil von Ihnen denkt, dass Sie es ohnehin nicht verdienen. In meinem eigenen Fall waren mehrere Jahre Therapie und intensive innere Arbeit in meinen späten Dreißigern nötig, um mich von der Scham meiner Kindheit zu heilen. Erst dann konnte ich anfangen, auf die Weisheit der Schuld zu hören und die Veränderungen vorzunehmen, die mir selbst und meiner Familie zur Ehre gereichten.

Während ich Ihnen meine Geschichte erzähle, kann es sein, dass Ihnen Teile Ihrer eigenen Geschichte einfallen. Wenn Sie keine mütterlichen Schuldgefühle haben, kann irgendein anderes Schuldgefühl hochkommen. Ich lade Sie ein, offen zu bleiben für das, was Sie fühlen, und es dann aufzuschreiben oder einer liebevollen Person zu erzählen, der Sie vertrauen. Damit fangen Sie an, sich selbst zu vergeben und die Vergangenheit loszulassen, damit Sie im Hier und Jetzt präsent sein und notwendige Veränderungen mit offenem Herzen vornehmen können. Wie ich werden Sie vielleicht entdecken, dass sie einen weisen und sanften Führer – einen Therapeuten – brauchen, der Ihnen bei Ihrer Heilung behilflich ist.

Ich war dreiundzwanzig und Studentin, als Justin, mein Erstgeborener nackt und unschuldig auf die Welt kam. Das zähe Spermium, das ihn hervorgebracht hatte, hatte sich um die Kante meines Diaphragmas geschlichen. Hätten wir gewusst, dass unsere rigoros angewandten (und schlampigen) Familienplanungsmethoden schlechtere Erfolgschancen hatten als Russisches Roulette, hätten wir eine andere Methode gewählt. Aber ich bin froh, dass wir es nicht getan haben. Ich liebte Justin von dem Moment, in dem er die Tore zu meinem Bauch stürmte.

Die frühe Ehe mit meinem Highschool-Liebchen stand bereits auf der Kippe und hätte vermutlich schon vor Justins Geburt ihr Ende gefunden, wenn meine wild entschlossene Mutter nicht gewesen wäre. »Du kannst dich jetzt nicht scheiden lassen«, bestimmte sie. »Was würden die Nachbarn denken?«

Ich kannte die Nachbarn nicht einmal, aber meine Mutter war eine Furcht erregende Frau, der man gehorsam zu sein hatte. Eine unverheiratete Mutter zur Tochter zu haben, war eine Schande, mit der sie nicht umgehen wollte, denn dies hätte mit Sicherheit dem guten Ruf unserer Familie geschadet. Damals war ich so etwas von einem verschämten, tugendhaften Fußabstreifer, der es allen recht machen wollte. Ich tat, was man mir sagte, in der Hoffnung, die Leute – in diesem Fall meine Mutter – würden mich respektieren, wenn ich verheiratet blieb.

Man sagt, dass die Jugend an die Jungen verschwendet wird. Ich sage, dass die Wechseljahre an die Alten verschwendet werden – oder zumindest an die Frauen in den mittleren Jahren. Bis sie in den Wechseljahren sind, haben sich die meisten Frauen durch ihre frühe Scham hindurchgearbeitet und es fällt ihnen leichter, ihre Wahrheit zu sagen. Ich frage mich manchmal, wie anders mein Leben gewesen wäre, wenn ich etwas von der direkten und mutigen Art, die für Frauen in den Wechseljahren typisch ist, schon gehabt hätte, als ich noch jünger war. Dann hätte ich an diesem Punkt in meinem Leben meinen Mann verlassen, und zwar gegen den schlechten Rat meiner Mutter. Eine allein erziehende Mutter zu sein wäre viel leichter gewesen, als zu versuchen, Beruf und Familie unter einen Hut zu bekommen und außerdem den Stress einer miserablen Ehe zu bewältigen.

Mein Leben während dieser Schwangerschaft war unglaublich stressig. An der Harvard Medical School zu studieren, wo wir einander praktisch zum Frühstück verspeisten, war schlimm genug. Die Konkurrenz war unerbittlich und ermüdend. Die tiefe Müdigkeit der frühen Schwangerschaft, die in den Büchern, die ich las, so nebenbei erwähnt wurde, kam für mich immer noch unglaublich überraschend. Mich in die Hallen von Harvard zu schleppen, fühlte sich an, als kröche ich durch die Wüste, nachdem mein Kamel verdurstet war. Erschwerend kam noch hinzu, dass wir nur eine Handvoll Frauen in unserer Klasse waren und ich mich nicht in so etwas wie Weiblichkeit flüchten wollte, wo wir doch gerade in der Medizin und in den Naturwissenschaften Fuß fassen wollten. Ich war fest entschlossen, die Beste zu sein, und koste es mich mein Leben … was es fast getan hat. Als ich im siebten oder achten Monat schwanger war, hatte ich eine Niereninfektion und glühte vor Fieber, ging aber trotzdem in meine Seminare. Unter meinem Schwangerschaftspullover hatte ich eine Wärmflasche versteckt, die meine fürchterlichen Schmerzen lindern sollte.

Abgesehen von all dem waren mein Mann und ich arm wie die Kirchenmäuse. Wir lebten von meinem Graduiertenstipendium, das uns knapp unter der Armutsgrenze hielt. Unser winziges Apartment drohte von Generationen fleißiger Küchenschaben davongetragen zu werden, die hier zu Hause waren. Das Licht wurde routinemäßig abgeschaltet, wenn wir kein Geld mehr hatten, die Stromrechnung zu bezahlen. Das Auto mussten wir immer auf einem Hügel parken und rollen lassen, bis der Motor ansprang, weil es uns zu teuer war, den kaputten Anlasser reparieren zu lassen. Glücklicherweise wohnten meine Eltern in der Nachbarschaft und ich konnte unsere Lebensmittelvorräte aus ihrer Vorratskammer aufstocken. Anderenfalls wären wir am Ende eines jeden Monats, wenn unser Geld zur Neige ging, vermutlich fast verhungert.

Justin kam freundlicherweise drei Wochen zu früh, aber dennoch mit gesundem Gewicht. Meine Wehen setzten ein, kurz nachdem ich das Auto aus einer tiefen Schneewehe geschaufelt hatte, die ein wilder Februarsturm hinterlassen hatte. Zwei Tage nach der Entbindung holten mich meine Eltern aus dem Krankenhaus ab und beherbergten unsere neue kleine Familie in ihrem geräumigen Haus, wo ich Hilfe hatte. Meine Mutter bestand darauf, ein paar Wochen lang eine professionelle Kinderschwester einzustellen, die mich einarbeiten und dafür sorgen sollte, dass ich ein bisschen Ruhe hatte. Sie versuchte mir zu helfen, Gott segne sie, aber ihr großzügiges Geschenk erwies sich als dramatischer Fehlschlag.

Unglücklicherweise hasste mich diese Krankenschwester auf den ersten Blick. Ich war eindeutig eine unerfahrene Mutter, und sie schützte Justin eifersüchtig vor meinen laienhaften und möglicherweise tödlichen Annäherungsversuchen. Ich kann mich kaum erinnern, ihn jemals im Arm gehalten zu haben. Nach sechstägiger postnataler Depression kehrte ich in mein Seminar zurück, wo die Arbeit an meiner Dissertation in vollem Gange war. Es tut mir Leid, es sagen zu müssen, aber es war eine Erleichterung für mich. Wenigstens gab es einen Ort, an dem ich mich kompetent und zu Hause fühlte. Das erste Samenkorn mütterlicher Schuld war in den fruchtbaren Boden meines jungen Herzens gelegt worden.

Als wir vier Wochen später endlich wieder zurück in die Küchenschabenresidenz zogen, hatte ich meinen Sohn noch kein einziges Mal gewickelt. Als angehende Wissenschaftlerin, die einen Saccharosegradienten zur Aufspaltung winzigkleiner Zellpartikel herstellen, ein Elektronenmikroskop von der Größe eines Zimmers bedienen und geheimnisvolle Gleichungen lösen konnte, war ich mehr oder weniger scharf auf diese Herausforderung. Das Wickeln erwies sich als relativ einfach zu bewältigen, das Waschen der unausweichlichen Ergebnisse im Waschsalon ebenfalls. Das Zubereiten der Babynahrung und das Sterilisieren der Flaschen war auch kein Problem. Ich hatte stillen wollen, aber Schwester Schreckschraube verbot es. Immerhin ging ich arbeiten. Das kleine Samenkorn der Schuld platzte, schlug Wurzeln und begann unvermeidbar dem Licht zuzustreben.

Während der Baby- und Kleinkindjahre meiner beiden Söhne, während ihrer Grundschul- und Highschoolzeit wurde das Pflänzchen immer größer, bis es fast mein Herz erwürgte. Wie hätte ich eine bessere Mutter werden können?

Lassen Sie mich die Möglichkeiten zählen. Lassen Sie mich überlegen, welche wichtigen Meilensteine in Justins und später Andreis Leben ich verpasst habe, weil ich arbeitete. Lassen Sie mich darüber nachdenken, wie wenig ich über Kindererziehung wusste, als ich Mutter wurde und damit wohl eine der wichtigsten Aufgaben auf diesem Planeten übernahm.

Sozialwissenschaftler haben die Faktoren untersucht, die die Weichen für eine gute Mutterschaft stellen. Einer davon ist, dass man sich in seiner eigenen Kindheit um jüngere Geschwister gekümmert hat. Ich war leider praktisch ein Einzelkind. Mein zehn Jahre älterer Bruder war so etwas wie ein anderer Elternteil für mich. Babys waren mir ein Rätsel. Also wandte ich mich an den damals aktuellen Guru, Dr. Spock. Er hatte viele gute Ratschläge parat und auch ein paar richtig schlechte. Baby können sich in Tyrannen verwandeln, schrieb er, wenn Sie sie verwöhnen. Fallbeispiele von entsprechenden Gören, die sich vermutlich zu hoffnungslosen Narzissten entwickeln würden, sprangen einen aus den Seiten dieses Buches regelrecht an. Also tat ich mein Bestes, Justin erst auf den Arm zu nehmen, nachdem er mindestens zwanzig Minuten lang geschrieen hatte, außer er hatte einen guten Grund quengelig zu sein – zum Beispiel Hunger, eine Kolik, eine volle Windel oder etwas in der Art.

Eines Nachts schrie er aus Leibeskräften, während ich vor seiner Tür auf der Lauer lag und die Minuten zählte, bis ich ihn herausnehmen und uns beide beruhigen durfte. Nach achtzehn Minuten klopfte es an der Haustür. Es war die Polizei. Nachbarn hatten sie alarmiert, weil sie sich gefragt hatten, ob es wohl ein schreckliches Problem in der Küchenschabenresidenz gab. Beschämt warf ich mein Exemplar von Dr. Spocks Anleitung zur Babypflege in den Müll.

Nachdem ich nun ohne Kompass auf hoher See ausgesetzt war, lernte ich alles über das Muttersein durch Versuch und Irrtum. Wenn wir nicht von Natur aus über elterliche Fähigkeiten verfügen und auch keine Liebe von unseren eigenen Eltern mit auf den Weg bekommen haben, muss Heilungsarbeit geleistet werden, bevor wir unseren eigenen Kindern ein anderes Erbe hinterlassen können. Heute sind junge Mütter sehr viel besser dran als zu meiner Zeit. Es gibt in jeder Stadt viele Möglichkeiten, professionelle Hilfe und vernünftige Ratschläge zum Thema Kindererziehung, Entwicklung emotionaler Intelligenz, Stressmanagement und Vergangenheitsbewältigung zu bekommen.

Meine Söhne sind mittlerweile junge Männer. Vor ein paar Jahren haben wir an ihre Kindheit zurückgedacht und einige ihrer schönsten Erinnerungen ausgegraben. Justin erzählte von einem großartigen Nachmittag, den wir im Hayden Planetarium in Boston verbracht hatten. Sofort meldete sich ein Überbleibsel der mütterlichen Schuld und drohte diesen Moment kaputt zu machen. »Das Planetarium hat dir so gut gefallen, ich hätte dich öfter dorthin mitnehmen sollen«, lamentierte ich. »Ich hatte immer so viel zu tun.«

»Das habe ich jetzt schon oft genug gehört«, sagte Justin lachend. »Du solltest ein Buch über Planetariumschuld schreiben.« (Also, ich würde lieber ein Buch über das Loslassen von Schuldgefühlen schreiben, und das habe ich auch schon getan. Es heißt *Ich bin wie ich bin.* Dieses Buch kann Ihnen helfen, gesunde Schuld und ungesunde Scham voneinander zu unterscheiden, und zeigt auf, wie Sie sich selbst und anderen Schritt für Schritt vergeben können, indem Sie Schuldgefühle weise nutzen und die Scham heilen, die Sie aus Ihrer Kindheit mitgebracht haben.)

Aus der Schuld zu lernen und sie dann loszulassen ist einer der endlosen Kreisläufe des Wachstums, die unsere Zeit auf dieser Erde kennzeichnen. Die verfilzten Wurzeln der mütterlichen Schuld – oder jeder anderen Schuld – können sich irgendwann in fruchtbaren Humus verwandeln, der uns besser wachsen lässt. Das geschieht, wenn wir in der Lage sind, uns selbst all das zu vergeben, was wir getan haben oder nicht tun konnten, und uns statt dessen an dem freuen, was aus uns geworden ist.

Im Laufe der Jahre haben meine Söhne und ich oft über die schwierigen Entscheidungen gesprochen, die ich als berufstätige Mutter zu treffen hatte. Sie wissen, dass es schwer war, Beruf und Familie unter einen Hut zu bringen, und dass ich sie nicht weniger liebte, wenn ich manchmal den Beruf an die erste Stelle setzen musste. Vielleicht gibt es eine Ebene, auf der Arbeit und Familie die gleiche Priorität haben. Das ist die Wahrheit darüber, wie meine Söhne aufgewachsen sind, und wir alle haben Frieden damit geschlossen. Wir haben zusammen gelacht und geweint, haben die vielen guten Zeiten genossen, die unsere Familie hatte. Wir haben versucht, die Weisheit zu erkennen, die aus den schweren Zeiten erwachsen ist. Und wir sind nah zusammengerückt, um die Geschichten zu hören, die jeder von uns zu erzählen hatte. Als Mutter bin ich wahrhaft gesegnet.

9

Mütter und Töchter – Vergebung und Gnade

Sie haben bereits die Bekanntschaft meiner schwierigen Mutter gemacht. Diese Geschichte ist sozusagen ihre Hinterlassenschaft und sie lehrt die spirituelle Kunst der Vergebung. Wann immer ich sie erzähle, empfinde ich ganz überraschend eine tiefe Dankbarkeit für das Geschenk, das sie mir mit ihrem Leben gemacht hat, und es fühlt sich an, als stünde ich ihrer Seele zum ersten Mal von Angesicht zu Angesicht gegenüber. Zum Teil kommt die Magie unserer gegenseitigen Vergebung daher, dass sie immer wieder neu für mich ist, egal wie oft ich ihre Geschichte erzähle. Und mit dieser Frische überträgt sich etwas von ihrer Gnade oft auch auf Menschen, die die folgende Geschichte hören oder lesen.

Am Morgen ihres Todestages in den späten 1980er Jahren, wurde meine Mutter ins Untergeschoss des Krankenhauses gebracht, in dem ich arbeitete. Sie hatte innere Blutungen und man hatte sie hinunter in die Radiologie geschickt, um die Quelle der Blutung ausfindig zu machen. Sie war schon seit Stunden weg. Meine besorgte Familie, die sich in ihrem Zimmer versammelt hatte, um sich von ihr zu verabschieden, schickte schließlich mich, um nach ihr zu suchen. Ich fand sie allein in einem Krankenhausflur, auf einer Rollbahre liegend. Sie hatte dort schon mehrere Stunden mit nichts als der nackten Wand als Begleiter darauf gewartet, dass sie mit Röntgen dran war.

Ich fand den zuständigen Arzt und fragte ihn, ob ich sie zurück in ihr Zimmer bringen konnte. Er schüttelte den Kopf und runzelte die Stirn. »Es tut mir Leid, aber sie blutet«, sagte er. »Wir brauchen eine Diagnose.«

Meine Mutter, die so bleich war wie das Laken, auf dem sie lag, bekam ein wenig Farbe und hob eine Augenbraue. »Eine Diagnose? Ist das alles, was Sie brauchen? Sie wollen mir doch nicht etwa sagen, dass ich den ganzen Tag hier gelegen habe, nur weil Sie eine Diagnose brauchen? Warum haben Sie mich nicht gefragt?«

Der Arzt sah aus, als hätte er gerade ein Gespenst gesehen, und war einen Moment lang sprachlos. Schließlich stammelte er leise: »Was meinen Sie?«

»Ich sterbe, das ist Ihre Diagnose«, antwortete meine Mutter mit ihrem üblichen Humor. Es war ihm hoch anzurechnen, dass er einsah, was sie ihm sagen wollte, und es gelang mir, ihn zu überreden, so dass ich sie schließlich in ihr Zimmer zurückbringen durfte. Eigentlich hätten wir für den Rücktransport auf einen Krankenpfleger warten müssen, aber sie bat mich, einfach mit ihr abzuhauen und sie schnell zu unserer Familie zurückzubringen, bevor irgendjemand anderes Hand an sie legen konnte. Schließlich standen wir allein im Aufzug, der uns zurück auf ihre Station brachte. Sie schaute von ihrer Bahre zu mir hoch und wirkte so durchsichtig, wie ganz kleine Kinder und alte Leute eben oft sind. Da war nichts Künstliches an ihr. Sie war die, die sie war. Sie nahm meine Hand, sah mir in die Augen und sagte ganz einfach, dass sie als Mutter viele Fehler gemacht habe und ob ich ihr vergeben könne. Der Schmerz eines ganzen Lebens schmolz auf dieser kurzen Reise zwischen den Stockwerken einfach dahin.

Ich küsste ihre Hand und dann ihre feuchtkalte Wange. »Natürlich vergebe ich dir«, flüsterte ich mit tränenerstickter Stimme. »Kannst du mir auch vergeben, dass ich so oft über dich geurteilt habe und dass ich so oft nicht für dich da war? Ich habe als Tochter auch viele Fehler gemacht.« Sie lächelte und nickte mir zu, während sich ihre wässrigen Augen mit Tränen füllten, jene Augen, die einst von einem schöneren Kobaltblau gewesen waren als der Himmel. Liebe baut eine Brücke über lebenslange Schuld, Verletzung und Scham.

Als wir wieder in ihrem Zimmer waren, verbrachte jedes Familienmitglied ein paar Minuten allein mit ihr, um sich zu verabschieden. Dann, als der Tag hinter langen Schatten verschwand und die frühe Frühlingsnacht uns wie ein Vorhang einhüllte, gingen alle, außer meinem Bruder, Alan, meinem Sohn, Justin, und mir. Wir drei hielten die Nachtwache.

Justin war ein junger Mann von zwanzig Jahren und er liebte seine Großmutter abgöttisch. Sie war immer seine Beste gewesen. Er schien intuitiv zu wissen, was eine sterbende Person hören musste – dass ihr Leben sinnvoll gewesen war und dass sie die Welt durch ihr Dasein ein bisschen reicher gemacht hatte. Er erzählte ihr Geschichten von ihrer guten Zeit zusammen, Geschichten darüber, wie ihre Liebe ihn unterstützt hatte. Fast ihre ganze letzte Nacht mit uns hielt Justin seine sterbende Großmutter in den Armen, sang ihr etwas vor, betete für sie und las ihr vor. Ich war so stolz auf ihn.

Bei Geburten und im Angesicht des Todes können ungewöhnliche Dinge geschehen. Der Schleier zwischen dieser Welt und der nächsten ist so dünn an diesen Toren, durch welche die Seelen hereinkommen und wieder gehen. Um Mitternacht fiel Mama in einen letzten, von Morphium unterstützten Schlaf. Justin und ich waren bei ihr, während mein Bruder sich ein wenig ausruhte. Wir meditierten zu beiden Seiten ihres Bettes. Ich war wach, ich schlief nicht, ich war ganz klar, ich träumte nicht. Die Welt schien sich auf ihrer Achse wegzubewegen und ich hatte eine Vision. Wenn Sie je eine Vision hatten, wissen Sie, dass sie wirklicher als wirklich zu sein scheint. Dieses Leben kommt Ihnen wie der Traum vor und die Vision wie ein kurzer Blick in eine tiefere Realität.

In dieser Vision war ich eine schwangere Mutter, die gerade in den Wehen lag, um ein Kind zur Welt zu bringen. Ich war auch das Baby, das geboren wurde. Es war eine seltsame und doch sehr vertraute Erfahrung, ein Bewusstsein zu sein, das gleichzeitig in zwei Körpern ist. Mit durchdringender Einsicht und absoluter Gewissheit erkannte ich, dass es im ganzen Universum nur ein einziges Bewusstsein gibt. Trotz der Illusion der Getrenntheit ist nur eines von uns hier, und dieses Eine ist das Göttliche.

Als sich das Baby durch den Geburtskanal nach unten bewegte, ging mein Bewusstsein ganz in seinen winzigen Körper über. Ich fühlte, wie ich mich selbst durch den dunklen Tunnel bewegte. Ich hatte Angst, ging durch eine Art Tod, als ich die wässrige Dunkelheit des Mutterbauchs verließ und durch dieses unbekannte Territorium reiste. Ich tauchte recht bald in einen Ort des perfekten Friedens und der absoluten Behaglichkeit ein und in ein unaussprechliches Licht – wie das, wovon Menschen nach Nahtodeserfahrungen berichten.

Dieses Licht ist jenseits jeder Beschreibung. Worte können die totale Liebe, die absolute Vergebung, die sanfte Gnade, die göttliche Glückseligkeit, die umfassende Verehrung, die eindrucksvolle Heiligkeit und den ewigen Frieden nicht zum Ausdruck bringen, die dieses Licht beinhaltet. Jenes Licht der göttlichen Liebe schien meine Seele zu durchdringen. Es fühlte sich an, als hätte es jeden Gedanken, jedes Motiv, jede Handlung und jede Emotion, die ich in diesem Leben gehabt hatte, gesehen und gekannt. Trotz meiner offensichtlichen Fehler und schrecklichen Irrtümer hielt es mich mit absoluter Sanftheit, völliger Vergebung und bedingungsloser Liebe, so wie man ein ganz kleines Kind halten würde. Während ich in diesem Licht gewiegt wurde, wusste ich ohne jede Frage, dass Liebe das ist, was wir sind und wozu wir werden.

Bilder von meiner Mutter und mir zogen vorüber. Die meisten zeigten Szenen aus schwierigen Zeiten, in denen unsere Herzen füreinander verschlossen und wir nicht in unserem besten Selbst gewesen waren. Doch aus der Perspektive des Lichts gesehen schien jede Interaktion perfekt und dazu bestimmt uns beizubringen, wie wir besser lieben konnten. Während der Film weiterlief, wurde der mysteriöse Kreislauf des Lebens deutlich. Mama hatte mich in diese Welt geboren und ich hatte ihre Seele aus dieser Welt hinaus geboren. Wir waren eins. In dem Moment, in dem sie starb, wurde ich neu geboren – gebadet in Liebe, Vergebung und Dankbarkeit. Ich dachte an die Worte des Apostels Paulus, dass wir jetzt durch einen Spiegel in einem dunklen Wort sehen, dann aber von Angesicht zu Angesicht, und einen Moment lang wurde mir die Gabe zuteil, von Angesicht zu Angesicht zu sehen.

Als ich die Augen wieder öffnete, war der ganze Raum in Licht gebadet. Friede war fast fühlbar präsent, eine samtige

Stille, die Essenz des Seins. Alles schien miteinander verbunden, ohne Grenzen. Ich erinnerte mich, wie mein Chemielehrer an der Highschool uns erklärt hatte, dass alles aus Energie besteht, aus Licht. In dieser Nacht konnte ich es sehen. Alles war ein Teil des Ganzen und pulsierte mit dem Licht der Schöpfung. Ich schaute über den toten Körper meiner Mutter und sah meinen Sohn, der mir gegenüber saß. Justins Gesicht leuchtete. Es sah aus, als habe er einen Heiligenschein. Er weinte leise und seinen Tränen glitzerten in diesem Licht wie Diamanten. Ich stand auf, ging um das Bett herum und zog einen Stuhl zu ihm hin. Er schaute mir tief in die Augen und fragte leise, ob ich auch sehen könne, dass der Raum voller Licht war. Ich nickte und wir saßen Hand in Hand in der Stille. Nach einer Weile flüsterte er ehrfürchtig, dass dieses Licht Großmutters letztes Geschenk an uns war. »Sie hält die Tür zur Ewigkeit offen, so dass wir einen Blick hineinwerfen können«, sagte er.

Und während er mir immer noch in die Augen sah, sprach Justin aus einer Quelle der Weisheit, die tiefer war als seine zwanzig Jahre. »Du musst deiner Mutter so dankbar sein«, sagte er. Ich wusste genau, was er meinte. Ich war eine undankbare Tochter gewesen, hatte jahrelang am Groll gegen meine schwierige Mutter festgehalten. Nun floss mein Herz über vor Dankbarkeit, und das war eine völlig neue Emotion, jedenfalls was sie betraf.

Es stellte sich heraus, dass auch Justin eine Vision gehabt hatte, die er bis zu diesem Tag für sich behalten hatte. Aber in diesem Krankenhauszimmer, am Sterbebett seiner geliebten Großmutter erzählte er mir davon. Meine Mutter, sagte er, sei eine große Seele gewesen, ein Wesen, das über mehr Weisheit verfügte, als ihre Rolle in diesem Leben ihr zum Ausdruck zu bringen erlaubte. Sie hatte eine Rolle angenommen, die viel kleiner war als sie selbst, damit ich jemanden hatte, dem ich Widerstand leisten konnte, versicherte er mir. Indem ich ihr Widerstand leistete, hatte ich ich selbst werden können. Der Sinn meines Lebens, erklärte er mir – ein Sinn, für den sie eine wichtige Rolle spielte – bestand darin, das, was ich über Heilung, Mitgefühl, Gott und Selbstfindung gelernt hatte, an andere weiterzugeben.

Ich schaute zu Boden, sammelte mich und blickte dann zurück in die sanften grünen Augen meines Sohnes. »Kannst du mir verzeihen, Justin? Ich weiß, dass ich als Mutter eine Menge Fehler gemacht habe. Weißt du, wie sehr ich dich liebe?«

Er nahm meine Hand. »Fehler werden um der Liebe willen gemacht«, flüsterte er.

Dann veränderte sich die Energie im Raum, das Licht wurde blasser und wir umarmten uns lange. Als wir einander schließlich losließen, lächelte er und lachte dann. »He, Mama, du hast mich auf genau die richtige Weise verwundet.« Wir standen auf und tanzten einen albernen kleinen Tanz, den Ren und Stimpy, die beiden Comicfiguren, mal im Fernsehen getanzt hatten. »Happy, happy, freu, freu«, sangen wir, während wir völlig unpassenderweise durch das Zimmer einer toten Mutter und Großmutter tanzten, deren Liebe wir beide erfahren hatten, wenn auch auf ganz unterschiedliche Weise.

»Bitte denk daran, mir zu vergeben, Liebling«, erinnerte ich ihn wenig später. »Ich bin sicher, dass ich noch nicht aufgehört habe, Fehler zu machen.«

In den fünfzehn Jahren, die seit dem Tod meiner Mutter vergangen sind, haben Justin und ich Fehler gemacht und beide haben wir die Verantwortung dafür übernommen und sie so gut wir konnten wieder gutgemacht. Aber die Gnade der Mutter-Kind-Vergebung und die Gewissheit, dass wir gemeinsam hier sind, weil wir lieben lernen, hat den Prozess sehr vereinfacht. Allein dafür bin ich sehr dankbar.

10

Sein und Tun – Wie Liebe sichtbar gemacht werden kann

Stellen Sie sich Ihr frühzeitiges Ableben vor. Sie hetzen zur Arbeit, gehen im Geist fieberhaft Ihre Liste der noch zu erledigenden Dinge durch und werden vom Blitz getroffen. Sie sind Geschichte, ausgelöscht von einem strahlend hellen Lichtstrahl. Freunde und Familienmitglieder versammeln sich nach Ihrer Bestattung, essen Schnittchen vom kalten Buffet und erinnern sich an Ihr Leben. Was glauben Sie, werden sie sagen? Werden sie Sie als liebendes menschliches Wesen vermissen oder werden sie Geschichten darüber erzählen, was Sie alles Tolles getan und erreicht haben, auch wenn der eine oder andere Mitmensch dabei auf der Strecke geblieben ist?

Wie viele Menschen, die im Gesundheitswesen und im psychotherapeutischen Bereich arbeiten, habe ich mein Leben damit verbracht, anderen zu helfen. Wenn es mir gelingt, ganz für die Person da zu sein, bei der ich gerade bin, ergibt sich Heilung ganz von selbst aus dem Miteinander-Sein, aus der Konzentration, die uns beide einhüllt. Aber manchmal, wenn ich vor lauter Geschäftigkeit fast durchdrehe, verschwindet die sanfte Achtsamkeit und die liebende Güte des Seins in einem Anfall von Aktionismus. Weil noch so viel zu erledigen ist, weil dieses wichtige Projekt noch abgeschlossen werden muss und alle diese Telefongespräche noch geführt werden müssen, bin ich ganz durch den Wind und die Freundlichkeit gerät gegenüber der Zweckmäßigkeit ins Hintertreffen. Ich vergesse innezuhalten und zuzuhören, halte meine Lieben für selbstverständlich und behandle sie sogar wie Quälgeister, wenn sie mich unterbrechen. Ein unbewusster Narziss regiert mein inneres Königreich. Mein guter Freund, der weise Autor und Pastor Wayne Muller, nennt dies »Gutes schlecht tun«.

Das »Gutes schlecht tun«- Syndrom ist wie ein blinkendes Warnschild, das Ihnen mitteilt, dass Sie Ihre Mitte verloren haben. Wenn Ihre Arbeit die Liebe tötet, haben Sie einen Pakt mit dem Teufel geschlossen. Wenn Sie Gutes schlecht tun, sind die Menschen um Sie herum in der Regel ein Spiegel Ihres inneren Zustandes. Mitarbeiter oder Ihre Lieben, die sich plötzlich wie Nervensägen benehmen, bieten Ihnen eine gute Gelegenheit, einen ehrlichen Blick auf sich selbst zu werfen. Wann ist ihr Verhalten ein Symptom dafür, dass Sie die Verbindung zu Ihrem eigenen Herzen verloren haben, dass Ihnen die Fähigkeit, einfach zu sein, abhanden gekommen ist, die es Ihnen möglich macht, sich mit ihnen zu verbinden?

Es ist leicht, den Verlust des Seins zu rationalisieren und den Schmerz eines verschlossenen Herzens zu leugnen. Sie sind zu beschäftigt, um anderen Menschen Aufmerksamkeit zu schenken? Na klar, dafür gibt es eine Menge guter Gründe. Sie müssen Geld verdienen, der Termin ist morgen, die Welt braucht Ihre Hilfe, Ihr Chef überlegt, ob er Sie befördern soll, die Kurse sind wirklich heftig in diesem Semester, es ist Ferienzeit, Sie haben drei Kinder, Sie könnten die Quotenfrau werden … und so weiter. All das ist mehr oder weniger wahr. Es mag sogar in Stein gehauen oder eine Veröffentlichung in der New York Times wert sein. Aber ist es eine Entschuldigung, nicht zu lieben?

Alle möglichen Leute sagen immer wieder »Ich liebe dich« zueinander. Aber was bedeutet das wirklich? Der Psychologe David Richo ist Autor eines sehr präzisen und praktischen Buches über Liebe und Intimität mit dem Titel *How to Be an Adult in Relationships: The Five Keys of Mindful Loving.* Er schreibt: »Wir fühlen uns geliebt, wenn wir Aufmerksamkeit, Akzeptanz, Anerkennung und Zuneigung bekommen und wenn uns die Freiheit zugestanden wird, entsprechend unseren tiefsten Bedürfnissen und Wünschen zu leben.[6]

Aufmerksamkeit, Akzeptanz, Anerkennung, Zuneigung und Zulassen – die fünf Schlüssel – sind die Verhaltensweisen, die den Satz »Ich liebe dich« real machen. Wenn Sie sich in einem Zustand des Seins befinden, stellen sich diese Verhaltensweisen ganz von selbst ein. Sie sind einfach ein Ausdruck von Präsenz, dem zentrierten Gefühl, im Hier und Jetzt zu sein. Wenn Sie aber nicht in Ihrer Mitte und zu stark mit Tun beschäftigt sind, kann das bewusste Praktizieren der fünf Schlüssel Ihr Herz öffnen und Sie in jenen zentrierten Zustand des Seins zurückführen. Wer die fünf Schlüssel als Kind bekommen hat, verfügt über eine gute Basis zur Entwicklung eines gesunden Selbstbewusstseins. Wenn Sie die fünf Schlüssel als Erwachsener empfangen, bringt Ihnen das Freude und Frieden. Und Liebe zu geben und zu empfangen ist das, wofür wir geboren wurden.

Liebe ist größer als romantische Verliebtheit. Romantische Verliebtheit wird allmählich immer blasser und wenn die Liebe dann keine Wurzeln geschlagen hat, trennen sich die

Leute. Liebe ist auch größer als jene Zuneigung, die wir für die Handvoll Menschen empfinden, die uns am nächsten stehen. Das sanfte Feld des Seins, das die Liebe erschafft, kann auf jeden Menschen ausgedehnt werden, zu dem Sie in Beziehung treten. Das schließt die Menschen ein, die Ihnen nahe stehen, und sogar Fremde, die, wie das Sprichwort sagt, Freunde sind, die wir noch nicht kennen gelernt haben.

Im Folgenden wird auf die fünf Schlüssel im Detail eingegangen.

Aufmerksamkeit

Im Abschlussexamen eines Kurses für angehende Manager wurde eine interessante Frage gestellt: »Wie heißt die Frau, die auf dieser Etage die Büros putzt?« Eine der geprüften Frauen wusste die Antwort nicht, weil sie einer Person, die sie für unwichtig gehalten hatte, zu wenig Aufmerksamkeit geschenkt hatte. Die Frage machte ihr deutlich, dass jeder Mensch wertvoll ist und es verdient hat, von uns beachtet zu werden, aber dass wir Menschen manchmal in Schubladen stecken, die es uns erlauben, sie zu ignorieren. Den Namen eines Menschen zu kennen identifiziert ihn als menschliches Wesen wie Sie selbst und verbindet Sie beide als gemeinsam Reisende. Jemanden zu bemerken, der sonst vielleicht unbemerkt geblieben wäre, und ihn in diesem Moment mit Respekt zu behandeln, baut eine Brücke des Seins, und das ist tätige Liebe. Wenn ein netter Mensch uns seine Aufmerksamkeit schenkt, fühlen wir uns geschätzt und geliebt.

Sie können eine Verbindung zu allen Menschen herstellen, mit denen Sie gerade zusammen sind, indem Sie ihnen das

Geschenk Ihrer bewussten Aufmerksamkeit machen. Müssen Sie, wenn Sie nach der Arbeit zur Tür hereinkommen, als erstes die Post durchschauen oder das Abendessen zubereiten? Wenn Sie sich Ihrer Familie widmen, indem Sie jeder Person Aufmerksamkeit schenken, zum Beispiel mit einem herzlichen Gruß, Fragen zu ihrem Tag oder einer Umarmung, schaffen Sie ein Feld des Seins und der Liebe. *Dann* können Sie die Post durchschauen, die Zeitung lesen oder tun, was immer sonst Sie erledigen müssen, weil Sie für andere da waren und das Band der Liebe geknüpft haben, aus dem Güte und Freundlichkeit so natürlich hervorgehen wie der Tag aus der Nacht.

Aufmerksamkeit zu bekommen bedeutet Unterschiedliches für unterschiedliche Menschen. Wenn ich zum Beispiel traurig bin, habe ich das Gefühl, Aufmerksamkeit zu bekommen, wenn eine Freundin oder einer meiner Lieben meinen emotionalen Zustand bemerkt und ihn mir spiegelt: »Du siehst traurig aus, Joan. Möchtest du darüber sprechen?« Dann möchte ich darüber sprechen oder auch nicht, aber die Aufmerksamkeit der anderen hat eine Verbindung zwischen unseren Herzen hergestellt. Ich kann mich ein wenig in dem warmen Gefühl entspannen, dass mir jemand in meiner Verletzlichkeit begegnet ist. Auf der anderen Seite habe ich von meinen Söhnen erfahren, dass sie es manchmal als aufdringlich empfinden, wenn jemand ihren Gefühlszuständen Aufmerksamkeit schenkt. Eine einfache Umarmung, ein Scherz oder eine Einladung ins Kino sind Möglichkeiten, ihnen Aufmerksamkeit zu schenken, die sie als sicher und ermutigend empfinden, wenn sie verletzlich sind.

Akzeptanz

Der zweite von Richos fünf Schlüsseln heißt Akzeptanz. Ashley, die Tochter einer Freundin von mir, wurde schwanger, als sie noch ein Teenager war. In meiner Generation wäre das eine mittlere Katastrophe gewesen. Jedes Mal, wenn mir schlecht war, war meine Mutter sichtlich verängstigt und platzte dann scheinbar aus heiterem Himmel mit ihrer Angst heraus: »Du bist doch nicht etwa schwanger?« Es wäre eine unbefleckte Empfängnis gewesen, weil sie kurz davor war, Wachen um mich herum aufzustellen und einen Keuschheitsgürtel für mich zu ordern. Ich schämte mich, fühlte mich durch die Nicht-Akzeptanz und das Misstrauen meiner Mutter beschuldigt und schloss mich wütend in mein Zimmer ein. Es war unmöglich, Themen wie Verabredungen mit Männern und Sex überhaupt mit ihr zu besprechen, und wir beide verspielten eine Chance, einander nah zu sein. Wäre ich wirklich außerehelich schwanger geworden, glaube ich nicht, dass ich es ihr jemals hätte sagen können. Und wie ich zurechtgekommen wäre, wenn ich mich auf meine eigenen Methoden hätte verlassen müssen, wäre bestimmt weniger geschickt gewesen, als wenn ich die Hilfe eines liebenden Menschen gehabt hätte.

Meine Freundin behandelte ihre schwangere Tochter mit liebender Akzeptanz, die Vertrauen eher aufbaute, als es zu zerstören. Statt ihre Ängste auf ihre Tochter zu projizieren, fragte sie nach Ashleys Gefühlen. Bald war die ganze Geschichte dieser Schwangerschaft heraus, denn Akzeptanz öffnet das Herz. Obwohl Ashleys Mutter mit den Entscheidungen, die zu dieser Schwangerschaft geführt hatten, nicht einverstanden war, liebte und akzeptierte sie ihre Tochter bedingungslos. Was immer Ashley erfahren hatte, war in den Augen ihrer Mutter ein Teil ihrer Entwicklung als menschliches Wesen. Akzeptanz wurde zum Boden, auf dem tiefere Liebe und größere Nähe wuchs, obwohl Mutter und Tochter Bedenken wegen dieser Schwangerschaft hatten.

Anerkennung

Als junge Frau spielte ich einst in einem Sketch mit, der während einer wissenschaftlichen Konferenz aufgeführt wurde. Damals war ich ungeheuer schüchtern und Improvisation war absolut nicht mein Ding. Aber meine Kollegen machten mir Mut und irgendwie gelang es mir loszulassen und in kreativen Fluss zu kommen. War das wirklich ich gewesen, die da Albernheiten und clevere Wortspiele vor einem lachenden Publikum zum Besten gab? Als es vorbei war, kam einer der älteren Wissenschaftler strahlend auf mich zu. Er schüttelte mir die Hand, lächelte wie ein Honigkuchenpferd und sagte: »Sie waren hervorragend! Ihre Freunde sind bestimmt sehr stolz auf Sie.« Das ist Anerkennung, der dritte Schlüssel. Sie ist ein großzügiges Vertrauensvotum. Egal wie geschäftig Ihr Leben auch ist, es gibt immer Zeit für ein paar anerkennende Worte. Wie Wasser in einem Garten lassen sie Menschen aufblühen.

Wenn Sie der Ansicht sind, dass Ihre Mitarbeiter oder Kollegen ihre Sache gut machen, warum sagen Sie es ihnen dann nicht? Gehen Sie nicht davon aus, dass sie es wissen. Und selbst wenn sie es wissen, schafft Anerkennung eine tiefere Verbindung. Sie gibt anderen Selbstvertrauen, vergrößert den Respekt, den sie vor Ihnen haben, und die Begeisterung für ihre Arbeit. Wenn jemand gut aussieht, sollten Sie ihm oder ihr ein ehrliches und von Herzen kommendes Kompliment machen. Anerkennung gibt Menschen das Gefühl, wahrgenommen und wertgeschätzt zu werden. Sie ist ein Geschenk, das ihnen hilft, in ihre Mitte zu kommen, wo ihr bestes Selbst leuchtet.

Zuneigung

Der vierte Schlüssel heißt Zuneigung. Eine sanfte Berührung, eine absichtsvolle Umarmung, ja sogar ein liebevoller Blick kann das Herz öffnen. Zuneigung sagt: »Wenn du da bist, ist die Welt ein schönerer Ort, und ich bin so glücklich, mit dir zusammen hier zu sein.« Um einen Gedanken des persischen Dichters Rumi zu borgen: Zuneigung macht uns wieder zartgrün, wie die Erde im Frühling. Sie schafft die Bedingungen dafür, dass unser inneres Potenzial ganz natürlich dem Licht zustrebt.

Ich habe einen Hund namens Elijah. Er ist ein süßer kleiner Shih Tzu, ein schwarz-weißes Fellbällchen. Wenn ich mich hinunterbeuge und ihn streichle, hebt Elijah den Kopf und schaut mir direkt in die Augen. Sein ganzes Sein scheint sich aufzurichten, um Liebe zu empfangen. Das Bedürfnis, Zuneigung zu geben und zu empfangen, ist in menschlichen Wesen und vielen Tierarten fest verankert. Wenn kleine Ratten von ihren Müttern nicht oft genug abgeleckt werden, ist ihr Immunsystem schwach, wenn sie erwachsen werden. Wenn menschliche Babys nicht gespiegelt und berührt werden, leidet ihr Immunsystem ebenfalls. Ein Mangel an Berührung hemmt die Wachstumshormone. Solche Kinder verkümmern nicht nur körperlich, sondern auch emotional und werden später im Leben bindungsunfähig. Auch als Erwachsene brauchen wir Zuneigung und Berührung, die uns sagt: »Ich liebe und respektiere dich.« Das öffnet unsere Herzen und führt uns direkt in den Frieden des Seins.

Zulassen

Der letzte Schlüssel heißt Zulassen. Jeder Mensch braucht die Freiheit, der zu werden, der er ist. Kinder brauchen klare Grenzen, sozusagen einen Behälter, in dem sie wachsen können. Aber es ist ein riesengroßer Unterschied, ob man ein Kontrollfanatiker ist oder dem kleinen Pflänzchen einen Blumentopf zur Verfügung stellt. Wenn Sie Ihrem Kind sagen, dass Sie sein Zimmer neu streichen werden, ist die Erlaubnis, die Farbe mit auszusuchen, eine Form von Zulassen. Das heißt nicht, dass das Kind das Zimmer schwarz streichen kann, wenn Sie das anstößig finden, wohl aber, dass Sie zusammenarbeiten und eine Farbe finden können, die Ihnen allen gefällt. Unseren Lieben die Freiheit zu geben, sich selbst zum Ausdruck zu bringen; Probleme auf eine Art zu lösen, die ihre Gefühle respektiert, und Entscheidungen zu treffen, die anders sind als die, die wir vielleicht getroffen hätten – das ist Zulassen.

Wenn Sie einer graduierten Studentin sagen, dass sie sich ein Thema für ihre Dissertation aussuchen soll, dann bedeutet das, dass sie sich dabei eher von ihren eigenen Interessen leiten lassen soll als von Ihren, solange es wahrscheinlich ist, dass das Projekt Ergebnisse hervorbringt. Ich hatte einen wunderbaren Doktorvater. Wenn ich eine zu komplizierte

Idee vorbrachte, wies er mich darauf hin, gab mir eine ehrliche Rückmeldung und half mir, einen besseren Schwerpunkt zu finden. Am Ende brachte mich seine lockere Art der Führung dazu, ein realisierbares Forschungsthema zu wählen, das eher meines als seines war. Wenn Sie einem Mitarbeiter einen gewissen Spielraum geben, innerhalb dessen er eigenverantwortlich arbeiten kann, vertrauen Sie darauf, dass er die Arbeit bewältigt, ohne dass Sie ihn ständig wie ein Geier überwachen. Wenn Menschen das Gefühl haben, dass man ihnen vertraut, indem man sie machen lässt, haben Kompetenz und Kreativität Raum, sich zu entwickeln.

Wenn Sie die fünf Schlüssel geben, werden Sie sie die meiste Zeit auch zurückbekommen. Das Zurückbekommen hat weniger damit zu tun, dass andere Menschen mit gleicher Münze zahlen, als damit, dass Sie in einen Zustand des Seins kommen, wenn Sie anderen bedingungslose Liebe schenken. Indem Sie Liebe zu einer bewussten Praxis werden lassen, verwurzeln Sie sich fest in der Freundlichkeit und Weite eines offenen Herzens. Und Friede kann wie eine Blume in Ihrer Familie, an Ihrem Arbeitsplatz und in Ihrer Welt erblühen.

Teil 3

Wieder zu sich selbst kommen

11

Verloren und wieder gefunden

Eines meiner unübertroffenen Lieblingsbücher ist *Der Ruf des Mondes* von Elizabeth Berg. Es ist die Geschichte von Nan, einer Frau in den mittleren Jahren, der es vorkommt, als habe sie sich in 25 Jahren als Ehefrau und Mutter selbst verloren. Eines Tages sieht Nan ein Tagebuch und kommt auf die Idee, es zu kaufen und dann von zu Hause wegzulaufen. Sie tut genau das und begibt sich ganz allein auf eine spontane, wochenlange Reise, die so gar nicht zu ihrem zwanghaften, pflichtbewussten Selbst passt. In dem Roman wechseln sich Passagen ab, die während der Reise geschrieben wurden: Tagebucheinträge und Briefe nach Hause, an Martin, ihren Ehemann.

Zum ersten Tagebucheintrag gehört das Bild einer Frau aus den vierziger Jahren des zwanzigsten Jahrhunderts, die in einem Kostüm und mit Hut steif im Gras sitzt und ihre Handtasche schüchtern auf dem Schoß hält. Nan hat es aus der letzten Sonntagszeitung ausgeschnitten, weil es sie daran erinnerte, wie sie sich selbst im Laufe der Jahre verloren hatte. Wie die Frau auf dem Foto, schreibt sie, hatte sie das Gras vergessen. Sie denkt an die junge Frau zurück, die sie einst war: »Und ich hatte keinerlei Zeitgefühl. Und ich zog nicht den Bauch ein oder überlegte, was andere wohl von meiner Meinung hielten. Ich stand bedingungslos zu meiner ganzen Person. Es gab nichts als sonnengetränkte Farben und Duft und das leichte Nachgeben der weichen Erde unter mir. Mein Herz und mein Verstand waren in Einklang, wie ein strahlender Drachen an einem sicheren Ort verankert.«[7]

Manchmal lese ich diese Textstelle bei Frauenworkshops vor. Sie hat eine Art, die Fassade unserer Unverwundbarkeit zu umgehen und ihren Weg in jenen zarten Raum in unserem Innern zu finden, der tiefe Atemzüge und warme Tränen enthält. Wenn Nans Klage Sie mitten ins Herz getroffen hat, tauchen vielleicht Fragen in Ihnen auf wie: »Ist es das, was aus meinem Leben geworden ist, diese Geschäftigkeit, diese Rennerei, dieses Hamsterrad? Ist endlose Verantwortung alles, was es gibt? Wann bin ich aus meinem großen Herzen ausgezogen und habe in dieser zweidimensionalen Welt der Listen leben gelernt?« Die Ahnung, dass wir uns vielleicht verloren haben – oder wenigstens einen wertvollen Teil unserer selbst – ist ziemlich beängstigend. Deshalb ist *Der Ruf des Mondes* so kraftvoll. In einem Brief an ihren Ehemann beschreibt Nan, wie sie beide in der Küche saßen und über alltägliche Dinge sprachen, während in ihrem Innern »ein Aufruhr« war, »so heftig, dass ich meinte, aus meinen Augen, Ohren, selbst unter den Fingernägeln müsste ohrenbetäubender Lärm herausbrechen …«[8]

Auch ich habe diese Art von stiller Verzweiflung empfunden. Und gleichzeitig hatte ich das Gefühl, dass mein Leben gesegnet ist und voll von Möglichkeiten, Freude, Bedeutung und Liebe. Dieses Sowohl-als-auch-Gefühl ist gesund, denn es ist realistisch. Das Leben ist eine Mischung aus Erfahrungen, und wenn das Gleichgewicht gestört ist, liegt es in unserer Macht, es wieder herzustellen. Wenn Sie sich kaum noch an den Geruch des Regens in Ihren Haaren, das Gefühl des Windes in Ihrem Gesicht, die Schönheit des Nachthimmels oder eine anständige Berührung erinnern können, haben Sie sich auf jeden Fall in einem verrückten, geschäftigen Leben verloren. Auf der anderen Seite können Sie nicht die ganze Zeit im weichen, einladenden Gras Rad schlagen. Manchmal entfalten die Rosen ihren Duft, während Sie an einer Ausschusssitzung teilnehmen oder sich die Tanzvorführung Ihrer Tochter anschauen.

Obwohl Sie lernen können, auch beim Geschirrspülen so bewusst und präsent zu sein wie ein Kind, das im Gras Purzelbäume schlägt, braucht fast jeder Mensch Zeit, um sich in der Natur aufzuhalten. Die Natur ist wahrhaft das magische Land des Gleichgewichts, wo ursprüngliche Kräfte uns zu einer bewussten Anerkennung des Lebens zurückführen. Wenn ich Frauen frage, was sie tun, um wieder in ihre Mitte zu kommen, sagen die meisten, dass sie in die Natur gehen. Aber wenn die Verantwortlichkeiten so schwer auf Ihnen lasten, dass Sie die Dinge, die Ihnen Freude machen und die Sie mit Ihrem wahren Selbst verbinden, nicht mehr tun, kann es sein, dass Sie das Sein aus den Augen verlieren. Und wenn Sie dieses Zentrum aus den Augen verlieren, wird alles schwerer und weniger anmutig.

Wenn ich zum Beispiel übermäßig beschäftigt bin, neige ich dazu, meine Körperübungen ausfallen zu lassen. Das ist nicht schwer, weil ich sie ohnehin nicht gern mache. Aber wenn ich nicht genug Bewegung bekomme, verschlechtert sich mein Schlafmuster. Wenn ich zu wenig Schlaf bekomme, kann ich schlechter arbeiten und dann laufen die Dinge aus dem Ruder. Mein übermäßig verantwortungsvolles, perfektionistisches Selbst übernimmt die Führung und seine weinerliche Stimme behauptet, dass was immer ich tue nicht gut genug ist. Die Muskeln in meinem Nacken und in den Schultern verspannen sich und dann setzt die Migräne ein. Migräne ist meine Achillesferse, die körperliche Schwäche, derer sich meine Emotionen bedienen, um »Du hast dich selbst verloren«-Botschaften zu schicken.

Aber Sie können sich auch auf viel schwerwiegendere Weise selbst verlieren. Wenn Sie sich in einer ungesunden Beziehung verloren haben oder in einem Arbeitsverhältnis, in dem Sie sich eingeengt fühlen, brauchen Sie, um zu sich selbst zurückzufinden, mehr als Zeit in der Natur, einen Yogakurs oder ein heißes Bad, eine Änderung der eigenen Einstellung oder eine mehrwöchige Reise, wie Nan sie gemacht hat. Dann müssen Sie all Ihren Mut zusammennehmen und tun, was immer nötig ist, um die Mitte wieder zu finden, die Sie verloren haben.

Wenn Sie sich so fühlen, schreit Ihr Innenleben nach Aufmerksamkeit und macht sich entweder mit starken Gefühlen oder mit körperlichen Symptomen bemerkbar. Ein Anfall von Rückenschmerzen, Magenprobleme, Kopfschmerzen, eine Autoimmunerkrankung oder Schlaflosigkeit können darauf zurückzuführen sein, dass das intuitive Steuerungssystem Ihres Körpers ein Signal ausschickt, um Ihnen mitzuteilen, dass Sie einen wichtigen Teil Ihrer selbst im Stich gelassen haben. Körperliche Symptome tauchen selten willkürlich auf – sie haben fast immer eine Geschichte zu erzählen. Ich meine damit nicht, dass Ihre Gedanken und Emotionen Krankheiten hervorrufen, sondern nur, dass sie oft ihren Teil dazu beitragen. Wenn Sie einen körperlichen Schwachpunkt haben – beispielsweise eine Prädisposition in einem Organsystem, so wie ich eine Prädisposition für

Migräne habe –, können emotionale Faktoren eine Krankheit auslösen. Auf der anderen Seite kann innere Harmonie, die daher kommt, dass Sie sich in sich selbst zu Hause fühlen, eine Schwäche daran hindern, sich körperlich zu manifestieren.

Wenn wir in uns selbst zu Hause und in Kontakt mit unserer Mitte sind, fühlen wir uns wie Nan, als sie noch unschuldig und frei von der Bürde eines geschäftigen Lebens war. Das Gefühl, dass unser Herz »sicher verankert ist wie ein strahlender Drachen«, ist das Gefühl des inneren Friedens. Es ist ein Gefühl des Heimkehrens. Wo immer Sie sind und was immer Sie tun, dieses Gefühl des inneren Friedens ist wie der Polarstern. An ihm können Sie sich orientieren. Deswegen sind Dinge wie Körperübungen, Yoga, Meditation, Spaziergänge in der Natur und ein bewusster Umgang mit dem Leben so wichtig. Sie sorgen dafür, dass Ihr Geist sicher in Ihrem Herzen verankert bleibt.

12

Achtsamkeit – Das Licht ist an, jemand ist zu Hause

Kennen Sie die Redensart: »Das Licht ist an, jemand ist zu Hause«? Mit jemandem zu schlafen und gleichzeitig im Kopf eine Einkaufsliste zusammenzustellen, mag effizient sein, aber es macht nicht viel Spaß. Wenn Sie nicht »zu Hause« sind, um den Liebesakt zu genießen, ist das sexuelle Erlebnis trocken – im wörtlichen wie im übertragenen Sinne. Wenn Sie den Sonntag mit Ihrer Familie oder mit Freunden am Strand verbringen und dabei ständig an den Termin denken, den Sie am Montag mit einem Klienten haben werden, gehen wertvolle Momente unbemerkt verloren. Ganz allmählich geht das Leben zu Ende und Sie fragen sich, was Sie die ganze Zeit gemacht haben.

Je geschäftiger Ihr Tag ist, desto wahrscheinlicher ist es, dass Sie sich in einen Astronauten verwandeln, der mit Autopilot durch die Galaxis saust. Sind Sie jemals auf der Autobahn bis zu Ihrer Ausfahrt gefahren, ohne zu merken, wie Sie dort hingekommen sind? Das ist Leben wie in einem Film von Woody Allan. Sie fahren, das Radio ist an, Ihr Beifahrer spricht und ein Teil Ihres Gehirns verarbeitet unbewusst alle hereinkommenden Reize, ohne auch nur einem von ihnen seine volle Aufmerksamkeit zu schenken. Dieser sehr verbreitete Zustand der Gedankenlosigkeit ist die alltäglichste Version einer Außerkörperlichen Erfahrung.

Gedankenlosigkeit ist wie Schlafwandeln. Und wenn Sie bei der Arbeit schlafwandeln, verpassen Sie wichtige Informationen. Sind Sie jemals plötzlich »zu sich« gekommen und haben gemerkt, dass sich Ihr Nacken und Ihre Schultern wie ein Sack Steine anfühlen? Wie konnte das passieren? Wo waren Sie, als sich die Muskelspannung aufbaute? Wenn Sie sich bewusst angewöhnen, sich mehrmals am Tag auf Ihren Körper einzustimmen, werden Sie aufwachen und anfangen, die Signale wahrzunehmen, die er Ihnen schickt. Manchmal ist eine Dehnübung alles, was Sie brauchen, um zu verhindern, dass ein am Computer verbrachter Tag Ihnen Kopfschmerzen oder einen steifen Nacken bereitet. Vielleicht erkennen Sie auch die zugrunde liegende Angst oder Wut, welche die Spannung verursacht hat. Dann können Sie aktiv werden und sich mit der emotionalen Botschaft auseinander setzen.

Achtsamkeit bedeutet, in den gegenwärtigen Moment zu kommen, in das Sein, in den Frieden Ihres wahren Wesens. Die Gegenwart ist der einzige Ort, an dem wir leben können, denn das Gestern ist vergangen und das Morgen ist noch nicht da. Mein Freund und Kollege Dr. Jon Kabat-Zinn, Autor der Bücher *Gesund durch Meditation* und *Im Alltag Ruhe finden*, hat dazu beigetragen, dass Achtsamkeit ein Alltagsbegriff geworden ist. Er definiert sie als »eine Praxis, die uns befähigt, jeden Augenblick unseres Lebens mit größerer Wachheit, Klarheit und Akzeptanz zu leben«.

Achtsamkeit ist sowohl eine formale Meditationspraxis als auch eine Lebensweise, die sich allmählich organisch aus der Praxis entwickelt. Jeder ist manchmal bewusst – nicht mit

Absicht, sondern weil Achtsamkeit die Standardeinstellung des Geistes ist. Es ist der Ort, an den wir zurückkehren, wenn wir uns entspannen und alle Gedanken loslassen. Es ein Zustand des natürlichen Geistes, der präsent ist für das, was ist, ohne Urteil, Interpretation oder Widerstand. Wenn wir genießen, nehmen wir das Leben direkt wahr, statt auf unsere Gedanken über das, was passiert, zu reagieren. Das Licht ist an … und wir sind zu Hause. Wir sind in unserer Mitte, im Jetzt. Wir sind Sein.

Zu meinen liebsten bewussten Aktivitäten gehört Skilanglauf an sonnigen Wintertagen. Es ist einer der Vorteile des sagenhaften Klimas in Colorado. Die Schönheit des Lichts, das auf dem Pulverschnee tanzt, das unglaubliche Azurblau des weiten Himmels, die durchdringende Wärme der Wintersonne, der frische Fichtengeruch, die sanfte Berührung des Windes, der samtige Klang der Stille, der vom weichen Gleiten der Skier unterstrichen wird, das Gefühl der sich im Atemrhythmus bewegenden Muskeln … hier ist Achtsamkeit. Hier ist Frieden. Hier ist natürlicher Geist. Vorausgesetzt natürlich, dass einem kein geschäftiger Verstand, der unbedingt planen, verfolgen, abschätzen und urteilen muss, den Spaß verdirbt.

Der geschäftige Verstand urteilt gern. Er vergleicht, kritisiert, projiziert und entscheidet, ob etwas gut oder schlecht ist. Urteilsfähigkeit ist gut und notwendig, wenn Sie Buchhalter sind und die Zahlen für einen Geschäftsabschluss planen oder wenn Sie Mutter sind und über die beste Ernährung für Ihre Kinder entscheiden müssen. Aber wenn sich Ihr innerer Richter beim Skilanglauf zu Wort meldet, verschwindet der natürliche Geist und nimmt die Freude mit.

Hier ist der Gedankenprozess, in den sich Richterin Joan unversehens verstricken kann, während sie draußen auf der

Piste einen entspannenden Nachmittag verbringen will: »Ich bin schon mal schneller Ski gelaufen, aber ich werde alt. Gott sei Dank laufe ich allein und kann bei meinem Tempo bleiben, ohne mich als Greisin fühlen zu müssen, während alle anderen an mir vorbei rasen. Meine Armmuskeln fühlen sich schwach an. Als ich mich heute Morgen im Spiegel angeschaut habe, habe ich gesehen, dass meine Haut allmählich faltig wird. Oh je. Ich sehe aus wie die Großmutter von jemandem. Na ja, ich *bin* die Großmutter von jemandem. Aber meine Oberschenkel sehen aus wie rutschende Socken und keine Gymnastik hilft dagegen. Schlechte Gene, das ist der Grund. Es kommt von der Berkman-Seite der Familie. Bei denen hatten die Frauen alle Beine wie Telefonmasten. Beth ist drei Jahre älter als ich und hat großartige Beine ...« Und so weiter. Gedanken bringen weitere Gedanken hervor und töten die Unmittelbarkeit des Erlebens. Und während ich ein unbedachtes Urteil nach dem anderen fälle, werde ich blind und taub für das Leben.

Die Richterin ist eine solche Miesmacherin. Sie kann den ganzen Tag tratschen und auf der Basis von Familienhistorie, gesellschaftlichen Vorurteilen und persönlichen Ängsten jede Menge scheußlicher Geschichten erfinden. Keine dieser Geschichten macht das Leben angenehmer oder funktioneller. Es sind alles konditionierte Antworten, wie die der Pavlow'schen Hunde, denen das Wasser im Mund zusammenlief, wenn sie die Glocke hörten, die zuvor Futter signalisiert hatte. Wenn Sie daran gewöhnt sind, Ihren Körper zu kritisieren, weil unsere Gesellschaft schlanke Frauen mit großen Brüsten belohnt, wird die Richterin immer dann anfangen, ihre kritische Litanei aufzusagen, wenn ein streunender Gedanke die Körperglocke anschlägt. Und jeder von uns hat eine erstaunliche Sammlung unangenehmer Glocken, die jederzeit anfangen können zu läuten.

Es gibt eine alte Lehrgeschichte über einen Mann, der eine staubige Flasche am Straßenrand findet. Er reibt sie sauber und ein Geist kommt heraus. Aber dieser gewährt ihm mehr als die gewöhnlichen drei Wünsche. Sie machen ab, dass der Geist ihm alles gibt, was er sich wünscht. Aber wenn er irgendwann keine Wünsche mehr haben sollte, wird der gelangweilte Geist ihn auffressen. Flaschengeister sind schnell und bevor der Tag zu Ende geht, wohnt der Mann mit seiner Herzallerliebsten in einem großen Haus, speist fürstlich und lässt sich von Tänzerinnen unterhalten. Die Wünsche gehen ihm aus und er schwebt in unmittelbarer Gefahr, zum Abendessen des Geistes zu werden. Nachdem er schnell eine weise Frau befragt hat, die auf dem Gipfel eines Berges lebt, lässt der Mann den Geist einen hohen Pfahl vor seinem Haus aufstellen. »Klettere auf diesen Pfahl und wieder herunter«, befiehlt er. »Ich rufe dich, wenn du noch etwas für mich tun sollst.«

Der Flaschengeist ist in Ihrem Kopf. Er kann ein wunderbarer Diener sein, aber wenn er außer Kontrolle gerät, kann es durchaus sein, dass er Sie auffrisst. Das Hinauf- und Hinabklettern am Pfahl steht für das Ein- und Ausatmen. Sie können eine Achtsamkeitsmeditation durchführen, indem Sie ganz ruhig sitzen und nur die Empfindungen wahrnehmen, die mit Ihrem ein- und ausströmenden Atem verbunden sind. Es gibt viele Möglichkeiten, das zu tun, und alle sind gut. Eine der einfachsten besteht darin wahrzunehmen, dass die Atemluft, die durch Ihre Nase einströmt, kalt ist, und die Atemluft, die durch Ihre Nase ausströmt, warm. Sie beurteilen den Atem nicht. Warm ist nicht besser als kalt. Schnelle, bewegte Atmung ist nicht besser als ruhige Atmung. Das einzige, was zählt, ist Ihre von Moment zu Moment vorhandene Achtsamkeit auf die Empfindung des Atmens, ein und aus. Wenn sich Gedanken einschalten, was immer passiert, lautet die Anweisung, sich selbst »Denken« zu sagen, die Gedanken loszulassen und zur Achtsamkeit auf den Atem zurückzukehren. Wenn Sie das jeden Tag zwanzig Minuten lang tun, haben Sie den Bogen mit der Achtsamkeit im täglichen Leben bald heraus. Wenn die Richterin wieder anfangen will, sagen Sie ihr, sie soll auf den Pfahl klettern und Sie in Ruhe lassen, damit Sie miterleben können, wie sich das Geschenk des Lebens entfaltet.

13

Meditation und innerer Friede

Meditieren ist harte Arbeit. Wenn Sie damit rechnen, dass es Ihnen auf der Stelle Frieden bringt, vergessen Sie es am besten. Stattdessen erwartet Sie eine Konfrontation mit dem ganzen Kram, der in Ihrem viel beschäftigten Kopf herumschwirrt. Die meisten meiner Meditationen sind nach wie vor Kampfturniere mit der Richterin. Mein Geist hat sich in all den Jahren der Praxis beruhigt, aber er kann immer noch in wenigen Minuten eine enorme Strecke zurücklegen. Im Laufe der Zeit habe ich gelernt, weniger auf ihn zu reagieren und meinen Gedanken mehr Raum zu geben. Es geht darum, sie kommen und gehen zu lassen, ohne die Vorstellung zu beurteilen oder zu krampfhaft zu versuchen, einen ruhigen Geist zu bewahren. Je mehr Sie das versuchen, desto aufgeregter wird Ihr Geist.

Es gibt eine Meditationsanweisung, die den Geist mit einem starken Ochsen vergleicht. Er wird verrückt werden, wenn Sie ihn in eine kleine Koppel sperren, aber wenn Sie ihn auf eine große Weide führen, beruhigt er sich ganz von selbst. Die große Weide ist eine Geisteshaltung der wachsamen Neugier. Es spielt keine Rolle, was in der Meditation als nächstes passiert. Eines ist so gut wie das andere. Anspannung oder Frieden, Freude oder Kummer, Langeweile oder Aufregung –

alle sind gleich. Sie sind nicht an sich gut oder schlecht. Sie sind einfach das, was im Moment geschieht. Warten Sie eine Minute oder auch nur ein paar Sekunden, und etwas anderes wird geschehen. Gedanken sind so unbeständig wie Wolken.

Sie können Ihre sich verändernden Gedanken und Gefühle mit der offenen Neugier eines Kindes zur Kenntnis nehmen: »Ha, da ist Frieden« oder »oh, da kommt Wut.« Wenn wir sie nicht beurteilen, bleiben Gedanken weniger gut kleben. Sie können sich entspannen und beobachten, wie sie durch den klaren blauen Himmel Ihres natürlichen Geistes schweben. Der Himmel ist weit. Er hält die Wolken nicht fest. Und selbst wenn eine Gewitterwolke kommt, bleibt der Himmel, in dem sie hängt, friedlich. Das ist die Geisteshaltung der Weite, die große Weide. In der Meditation geht es um das Umschalten von der Identifikation mit den wechselnden Wolken zum Verweilen in dem weiten Himmel, aus dem sie kommen und in dem sie wieder verschwinden. Der Himmel ist reines Sein, die Erfahrung des Jetzt. Wenn Sie dort sind, sind Sie in Ihrer Mitte.

Mit der Zeit überträgt sich diese Weite auf Ihr tägliches Leben. Immer öfter gelingt es Ihnen, einen Blick in Ihr Zentrum, den natürlichen Geist, den Zustand des Seins zu werfen. Statt die Welt durch einen Gedankenschleier zu sehen, nehmen Sie sie direkt wahr, von Angesicht zu Angesicht. In jenen kostbaren Momenten des Jetzt wird Ihr ganzes Selbst ein riesiges, großzügiges Dankeschön. Diese spontanen Einblicke in das Sein motivieren mich, weiter zu meditieren oder die Meditationspraxis wieder aufzunehmen, wenn ich eine Zeitlang damit aufgehört habe.

Ich lade Sie zu einem kleinen Experiment ein. Entspannen Sie sich und konzentrieren Sie sich auf etwas, das Sie schon oft gesehen haben, zum Beispiel Ihr Telefon. Verbringen Sie ein wenig Zeit damit, es sich richtig anzuschauen und alle Details bewusst so zu sehen, wie sie sind. Es ist wahrscheinlich, dass Ihnen Dinge auffallen werden, die Sie vorher nicht bemerkt haben. Etiketten engen unser Erleben ein und verhindern, dass wir mit ganz neuen Augen sehen. Statt Dinge zu sehen, erleben wir unsere Vorstellungen von Dingen und die Unmittelbarkeit der Erfahrung schwindet dahin. Wenn wir hingegen achtsam sind, fallen die Etiketten ab und wir öffnen uns für eine Welt der Überraschungen und des Entzückens. Wir werden wieder wie Kinder und unser Geist begrüßt das Leben mit einem großen Dankeschön.

Ich lade Sie ein, mich mental durch eine Geschichte zu begleiten, die von Dankbarkeit und einem Blick in das Sein handelt. Ich sitze bei Sonnenuntergang in meinem gemütlichen Wohnzimmer, verzückt von dem mysteriösen Zauber, den das Zwielicht wirkt. Das Haus scheint in der Luft zu schweben – wie eine in den roten Wein des Sonnenuntergangs getauchte Wolke, die über die purpurnen Berge und weiten Ebenen zieht, die ich durch die bodentiefen Fenster sehen kann. Ich kuschele mich in einen Sessel neben einer Höhle aus Pflanzen, welche die Statue der Kuan-yin umgeben, die in China den Bodhisattva des Mitgefühls verkörpert. Ihre sanften Augen sehen das Leid der Welt. Auch ich fühle mich von ihr gesehen, und sie vergibt mir meine Ängste und Zweifel, mein wütendes Abwenden von Gott, meine weltlichen Fehler und mein Scheitern. Ich, die ich mich so oft wie ein mutterloses Kind gefühlt habe, werde umarmt von einem sanften Ozean der Mutterliebe. Unbeschreiblicher Frieden und unbeschreibliche Dankbarkeit überfluten mich.

Kairos, die ewige Zeit, kreuzt sich mit *chronos*, der Uhrzeit, wenn sich bei Sonnenaufgang und Sonnenuntergang das Licht ändert. Wenn Sie ganz achtsam sind, können Sie diesen Schnittpunkt als beinahe stechende, süße Empfindung der anhaltenden Liebe und völligen Ruhe in Ihrem Herzen fühlen. Fast alle spirituellen Traditionen ehren die Heiligkeit dieser beiden kurzen Tageszeiten, zu denen wir auf der Schwelle stehen, dort, wo zwei Welten einander berühren. Es ist eine Zeit des Gebets. Ich denke an den christlichen Mystiker Meister Eckhart, der geschrieben hat, wenn das einzige Gebet, das man in seinem ganzen Leben je gesagt hat, »danke« sei, dann sei das genug. Also sagte ich danke, während ich da im sich verändernden Licht des Nachmittags sitze – nicht weil ich es für eine gute Idee halte, sondern weil es spontan aus meinem Herzen kommt. So ein wildes und freies Herz kann weder gezwungen noch von etwas abgehalten werden. Es ist eine Gnade, ein spontaner Akt der Großzügigkeit des Lebens und dem Leben gegenüber.

Jüdische Dankesgebete wandern von meinem Herzen über meine Zunge, während ich ganz still im herannahenden Zwielicht sitze. Meine Lippen bewegen sich im uralten Tanz des Lobpreises, den meine Ahnen in dem kurzen und kraftvollen Zwielicht der Wüste gesungen haben: »Gepriesen bist du, Schöpfer des Universums, der du mit deinem Wort die Abende hervorbringst, der du mit deiner Weisheit die Tore öffnest.«

Als es immer dunkler wird, zünde ich Kerzen an und bin zufrieden, dass ich mich weiter auf der Schwelle aufhalten kann, wo diese plötzliche Dankbarkeit so strahlend erblüht ist wie eine Sonnenblume. Dankbarkeit ist über mich gefallen wie Manna. Gedanken hören auf, Ruhe tritt an ihre Stelle.

Aber ich verschwinde nicht. Irgendein tieferer Teil von mir sieht die Welt auf eine ganz neue Weise. Es gibt keine Selbstkritik und nicht den Wunsch, dass irgendetwas anders sein sollte. Alles strahlt. Ich bin bei mir selbst angekommen.

An diesem Abend werde ich mit einem Geisteszustand beschenkt, der bei mir selten vorkommt, aber dennoch sofort als Zustand des Seins erkennbar ist. Ich bin in meiner Buddha-Natur und das ist ein Festessen. Ich verschwende keine Zeit oder verderbe mir das Erlebnis dadurch, dass ich hoffe, dieser Geisteszustand möge von Dauer sein. Ich weiß, dass es nicht von Dauer sein wird, also genieße ich das Festmahl, solange es vor mir steht. Ich habe so viel über das Tun im Gegensatz zum Sein geschrieben. Endlich bin ich Sein. Ich bin ein menschliches Wesen.

Nach ungefähr einer Stunde ist der Vollmond aufgegangen und wirft sein silbernes Licht auf die Oberfläche des frisch gefallenen Schnees. Ich nehme eine Schale mit Reis und Salz. Eine befreundete chinesische Buddhistin hat mir beigebracht, den Reis und das Salz bei jedem Vollmond in die vier Ecken des Zimmers zu werfen. Ich speise die Geister. Ich speise meine Seele. Ich reinige mein Heim und freue mich, dass ich gereinigt werde.

Später, als ich mich wieder in dem für mich eher typischen Zustand des Tuns befinde, denke ich über das Erlebnis des Seins nach. Ich denke an die Lehren von Pater Thomas Keating, einem der Pioniere jener Bewegung innerhalb der Katholischen Kirche, die für das meditative und kontemplative Gebet eingetreten ist. Ich hoffe, dass meine Erklärung der Weisheit seiner Lehren gerecht wird. Er sagt, dass wir meditieren, weil wir hoffen, ein Erlebnis zu haben, wie ich es gerade beschrieben habe. Indem wir ein Gefäß des reinen Gewahrseins werden und unser Ego hintanstellen, werden wir eins mit dem Göttlichen Geliebten. Und abgesehen davon, dass wir diese Gnade erfahren, hoffen wir, dass uns die Meditationspraxis helfen wird, einen dauerhaften Zustand des tiefen inneren Friedens und der Einheit mit Gott zu erreichen.

Aber zum größten Teil ist Meditation harte Arbeit, ein in sich paradoxer Zustand des Tuns. Bei der Meditationsform des kontemplativen Gebets, die Keating lehrt, geht es darum, sich auf ein heiliges Wort zu konzentrieren. Es ist nicht das Wort selbst, das heilig ist, sagt Pater Keating in seinem Klassiker *Open Mind, Open Heart: The Contemplative Dimension of the Gospel.* Das Wort, das wir wählen – unser Mantra, wenn Sie so wollen – steht für unsere Absicht. Es ist ein Symbol für unsere Bereitschaft, unsere Gedanken loszulassen und unser Herz für Gott zu öffnen.

Wenn Sie jemals meditiert haben, wissen Sie, wie schwer es ist, eine starke Absicht beizubehalten. Vielleicht bleiben Sie fünfzehn oder dreißig Sekunden lang darauf konzentriert, doch dann ist Ihr Geist schon wieder auf und davon. Sie haben Dinge zu tun, müssen über Ängste und Befürchtungen nachdenken. Ein Geräusch von draußen erinnert Sie daran, dass der Hof geharkt werden muss, und die ganze Liste der noch zu erledigenden Dinge drängt sich in Ihre Meditation. Sie merken plötzlich, dass Ihre Strumpfhose zu eng sitzt, und alle Ihre fetten Gedanken marschieren ein. Das macht überhaupt nichts, sagt Keating. Sie sollen Ihren Geist nur einfach immer wieder zu dem heiligen Wort zurückbringen, zu Ihrem Gebetswort, und zwar so sanft, als legten Sie eine Feder auf ein Stück Watte. Die Früchte der Meditation können in der Zeit, in der Sie sitzen und meditieren, erfahren werden oder auch nicht. Pater Keating sagt, dass Sie vielleicht eines

Tages durch einen Supermarkt gehen, einen Bericht schreiben, mit Ihrem Kind spielen oder allein im Zwielicht sitzen, und plötzlich trägt Ihre Praxis Früchte. So habe ich mich an jenem Abend gefühlt, als mich ein dankbares Herz ganz überraschend zu fassen bekam. Wie die Blüten eines Rotbuschstrauches, die im Frühling an völlig kahlen Zweigen erblühen, brach die unsichtbare Energie einer langen Praxis plötzlich durch.

Meine Meditationspraxis war im Laufe der Jahre periodisch. Manchmal spielt sie eine große Rolle, während sie zu anderen Zeiten ziemlich ins Hintertreffen gerät. Ich habe herausgefunden, dass das für viele Menschen zutrifft. Aber die Absicht, die mich immer wieder zur Praxis zurückkehren lässt, ist Bewusstheit. Ich möchte aus der Trance des Alltags erwachen und im Jetzt präsent sein. Seit meinem Erlebnis mit dem Licht, das ich beim Tod meiner Mutter gesehen habe, möchte ich auch in den Zustand der Göttlichen Einheit zurückfinden. Ob Sie nun spirituell oder religiös, Christ oder Jude, Buddhist oder Moslem sind, es gibt immer eine passende Meditationspraxis für Sie. (Auf meiner Website www.joanborysenko.com sind unterschiedliche Meditationspraktiken beschrieben. Viele dieser Meditationen habe ich auch aufgenommen. Diese Kassetten und CDs können Ihnen helfen, eine Meditationspraxis zu etablieren. Sie können online über meine Website bestellt werden.)

Frieden ist möglich. Das ist die Absicht, die jeder Meditationspraxis zugrunde liegt, welches Glaubenssystem sie auch prägt oder welche Übertragungslinie sie aufrechterhält. Ob es eine weltliche Praxis ist, die durchgeführt wird, um Ihren Blutdruck zu senken und Stress abzubauen; eine Achtsamkeitspraxis, die Sie zur wahren Natur Ihres Geistes zurückbringen soll, oder eine religiöse Praxis, deren Ziel die Einheit mit Gott ist, das Ergebnis ist immer ein Gefühl des Friedens, das Sie in diese geschäftige Welt mitnehmen können. Meditation ist wie ein Anker, der verhindert, dass die Stürme des Leben Sie von Ihrem Kurs abbringen. Sie ist die Mühe wert, selbst wenn Sie den Eindruck haben, dass Sie nichts weiter tun, als sich Ihre Sorgen und Ängste vor Augen zu führen.

14

Übergangsphasen – Loslassen und auf die Zeichen achten

Sechs ältere Frauen zwischen sechzig und dreiundachtzig saßen im Kreis bei einem meiner Frauenretreats. Fünfzig weitere Frauen saßen um sie herum. Die älteren Frauen teilten ihre Weisheit mit uns. Es war eine seltene Gelegenheit, von unseren Ältesten zu lernen. Die Dreiundachtzigjährige sagte: »Ich höre so viele von euch davon sprechen, dass sie sich in einer Übergangsphase befinden, als sei das etwas Ungewöhnliches. Nun, das ist es nicht. Wenn ihr mal so alt seid wie ich, werdet ihr erkennen, dass ihr immer in einer Übergangsphase seid. Nichts bleibt wie es war. Alles verändert sich. Und weil das so ist, gibt es oft Zeiten, in denen ihr nicht wisst, was als nächstes kommt. Ihr habt keine Kontrolle darüber. Ihr habt die Veränderung nicht geplant und wisst auch nicht, wohin sie führt. Wenn das geschieht, gibt es nur eins, nämlich sich auf das zu konzentrieren, was man loslassen muss. Ich weiß, das klingt altmodisch. Wir sollten uns eigentlich Ziele setzen und dann danach streben. Aber wir können uns nur für das Neue öffnen, wenn wir bereit sind, das Alte loszulassen.«

Es gibt eine beliebte Lehrgeschichte über einen Professor, der zu einem Zen-Mönch kommt, um sich unterrichten zu lassen. Der Mönch schenkt ihm Tee ein und als die Tasse voll ist, gießt er immer weiter, bis der Tee über den ganzen Tisch fließt. Als der verblüffte Professor fragt, warum er das getan habe, antwortet der Mönch, dass die Tasse wie der Kopf des Professors sei. Er kann nichts mehr hineinfüllen, weil die Tasse schon voll ist. Wenn der Professor etwas lernen wolle, müsse er sich erst leer machen.

Es gibt unendlich viele Möglichkeiten, sich leer zu machen und das Alte loszulassen. Manche sind direkt, andere metaphorisch. Aber selbst wenn das Leermachen metaphorisch vonstatten geht, löst es blockierte Energie und eröffnet neue Wege des Denkens und Handelns. Als ich mich wegen meiner Ehe in einer Übergangsphase befand, öffnete ich mich dem Wandel, indem ich den Raum um mich herum entrümpelte. Nachdem ich nun schon mehrere Jahre lang in meinem eklektischen Haus in den Bergen wohnte, hatte ich plötzlich das dringende Bedürfnis, alles zu renovieren. Ich wurde regelrecht süchtig nach HGTV (Haus & Garten TV) und schaltete es bei jeder Gelegenheit ein. Die endlosen Möglichkeiten zur Schaffung neuer Räume schienen mir richtig Schwung zu geben. Wenn ich meine Ehe schon nicht hinschmeißen konnte, konnte ich doch wenigstens den ganzen Kram rausschmeißen und mir eine neue Lebensatmosphäre schaffen.

Es machte mir Spaß, alte Kisten und Schubladen durchzusehen und Sachen wegzuwerfen. Möbel, Kleider und einst geliebten Krimskrams, der mich jetzt nur noch an längst vergangene Zeiten erinnerte, in andere Hände zu geben, fühlte sich an, als hätte ich mir eine völlig neue Frisur machen lassen. Ich konnte kaum glauben, wie leicht ich mich fühlte. Und je leichter ich wurde, desto mehr Energie hatte ich. Ich war wie elektrisiert und entzückt von dem Prozess, in dem ich Wände einriss und Fußbodenkacheln mit dem Vorschlaghammer kurz und klein schlug. Selbst als sich das Haus in eine widerliche Sägemehlgrube verwandelt hatte, fing etwas, das tief in mir in der Falle saß, an zu singen. Jetzt ist mein Heim warm, einladend und frei von unnötigem Kram. Es fühlt sich geräumig und erholsam an. Meine Psyche hat einen ähnlichen Prozess durchgemacht, in dessen Verlauf ich alte Einstellungen ablegte und mich von Geschichten aus meinem Leben verabschiedete, die mir Leid bereitet hatten.

Bei dieser Umgestaltung ging es um mehr als das Wiederherstellen äußerer Räume – es ging um eine Neuformung meines Seelenraumes. Ich kam wieder nach Hause zu mir selbst, indem ich eine zu enge Haut abwarf, die plötzlich aufgebrochen war. Das Alte loszulassen kann schwierig sein, selbst wenn Sie fest daran glauben, dass sich eine neue Haut unsichtbar unter der Oberfläche Ihres alten Lebens gebildet hat. Die Renovierung eines Hauses ist ein großartiges Symbol für diesen Prozess. Wenn Ihr Haus während einer Renovierung ein einziges Schlachtfeld ist, wissen Sie wenigstens, dass etwas Schöneres und Funktionelleres geboren wird. Das Chaos ist der notwendige Auftakt für die Transformation.

Es wird immer Zeiten des Chaos, des Übergangs und der Wiedergeburt in Ihrem Leben geben. Wachstum ist kein netter, gradliniger Prozess. Er rumpelt eher stoßweise dahin. Sie fallen gelegentlich in ein Schlagloch und müssen sich selbst wieder herausziehen. Teile von Ihnen gehen verloren und Sie müssen sie wieder finden. Das ist das Drama des Lebens, der Stoff, aus dem das Wachstum ist. Indem sie den Wandel meistern und offen bleiben für den Prozess, werden Psyche und

Seele immer weiser. Ob Sie sich beruflich oder beziehungsmäßig in einer Übergangsphase befinden oder ob Sie eine gesundheitliche, finanzielle oder emotionale Krise durchleben, der Zusammenbruch dessen, was Sie einst waren, schafft Raum für das, was Sie sein werden.

Auf die Zeichen achten

Also, Sie haben Raum für das Neue geschaffen, indem Sie das Alte losgelassen haben. Aber wie gelangen Sie zur nächsten Station Ihrer Reise und woran erkennen Sie, dass Sie dort angekommen sind? Vor allem brauchen Sie Geduld. Und Geduld ist die einzige friedliche Möglichkeit loszulassen. Aber wenn wir in dieser Kultur Geduld sagen, meinen wir oft bis an ihre Grenzen ausgedehnte Ungeduld. Wir beißen uns die Zähne aus um weiterzumachen und sind so erpicht darauf, dass sich das nächste Kapitel des Lebens auftut, dass wir den Zwischenraum, in dem wir uns befinden, nicht ertragen können. Dieser Raum ist wie die kleine Pause zwischen Einatmen und Ausatmen. Er gibt uns Gelegenheit innezuhalten und nachzudenken, in unsere Mitte zu kommen. Und wenn wir das tun, können wir die Zeichen viel besser erkennen, die unweigerlich auftauchen werden, um uns dorthin zu führen, wo wir hingehen.

Diese Übergangsphase ist wie ein kleiner Tod. Der Mensch, der wir waren, ist tot, aber wir sind noch nicht als der Mensch wiedergeboren, der wir sein werden. Wir befinden uns in einer Art Schwebezustand, den meine weise Freundin Janet Quinn »den Ort zwischen nicht mehr und noch nicht« nennt. Die meisten von uns mögen diesen Ort nicht. Er fühlt sich beängstigend an, als hätten wir uns verirrt. Und je mehr wir uns abstrampeln, um von dort wegzukommen, desto schwieriger mag uns alles erscheinen. Es ist, als sei man in Treibsand geraten – je mehr man sich anstrengt, desto tiefer versinkt man. Wenn Sie sich hingegen entspannen und darauf konzentrieren können, Ihr Zentrum zu finden, werden Sie nach einer Weile spüren, dass Sie neue Energie bekommen. Kleine Zeichen werden auftauchen, die Ihre Aufmerksamkeit erregen, und allmählich begeben Sie sich aus dem Zwischenstadium in eine neue Zukunft.

Es gibt fast immer Zeichen am Wegesrand, wenn Ihre Seele für die nächste Etappe der Reise bereit ist. Aber wenn Sie sich in einer Übergangsphase befinden und besonders wenn Sie Angst haben oder zu stark auf Ihr Ziel fixiert sind, kann es sein, dass Sie sie ignorieren. Es gibt eine großartige Szene in dem 1983 gedrehten Steve Martin Film »Der Mann mit zwei Gehirnen«. Martin hat sich in eine schreckliche Frau namens Dolores verknallt, die, wie er sehr bald herausfinden wird, Männer ausnimmt und auf wahrhaft abscheuliche Weise quält. Er steht vor dem Portrait seiner geliebten toten Frau und bittet sie, ihm ein Zeichen zu geben, wenn irgend etwas an seiner Liebe für Dolores falsch ist. Ein heulender Wind, der von Donner und Blitz begleitet wird, fegt durch den Raum. Das Portrait seiner Frau schreit »nein, nein, neiiiiiiiin!« und fängt an sich um sich selbst zu drehen, wobei die schwachen Nägel aus der Wand gerissen werden, die danach mit einem unheilvollen Dröhnen reißt. Als das Mark erschütternde Schauspiel vorbei ist, starrt Martin auf das Portrait, das schief an der ruinierten Wand hängt, und wiederholt ganz ruhig seine Bitte, sie möge ihm ein Zeichen geben, wenn etwas nicht in Ordnung sei. Die Szene endet damit, dass er hoch und heilig verspricht, nach Zeichen Ausschau zu halten, nach jedem noch so kleinen Zeichen. In der Zwischenzeit, erklärt er seiner toten Frau, werde er ihr Portrait einfach in den Schrank stellen.

Wenn Sie nicht wissen wollen, dass der Weg aus Ihrem Zwischenstadium der falsche ist, werden Sie die Zeichen nicht sehen. Statt weiterhin loszulassen und sich dem sich entfaltenden Mysterium des Lebens anzuvertrauen, kommt Ihnen Ihr Wille in die Quere. In diesem Punkt weiß ich, wovon ich spreche. Weil ich ungeduldig war und mein Leben schnell wieder in Ordnung haben wollte, habe ich in Übergangsphasen oft Zeichen ignoriert und später gewünscht, ich hätte besser aufgepasst. Aber ich weiß auch, dass man leicht zu weit gehen und alles Mögliche als Zeichen interpretieren kann. Sie sollten einfach wissen, dass Ihre Seele, wenn sie wirklich zu Ihnen sprechen will, nicht nach einem Versuch aufgeben wird. Sie werden wiederholt Zeichen bekommen, die Sie ermutigen oder davon abbringen, in eine bestimmte Richtung zu gehen.

Der Schweizer Psychiater C. G. Jung schrieb über eine Art von Zeichen, die er »Synchronizität« nannte. Eine Synchronizität ist mehr als ein Zufall. Es ist ein eigenartiges, Gänsehaut erzeugendes Zusammentreffen, bei dem ein Thema aus Ihrem inneren Leben plötzlich im Außen auftaucht. Sagen wir, Sie spielen zum Beispiel mit dem Gedanken, sich beruflich zu verändern. Sie steigen nach der Arbeit in den Aufzug und die Leute, die mit Ihnen fahren, sprechen über eine Versammlung der Immobilienmakler, an der sie teilnehmen werden. Sie treten auf die Straße und bemerken ein Schild in einem Fenster, auf dem ein fünftägiger Crash-Kurs für Immobilienmakler angekündigt wird. Sie kommen nach

Hause und Ihr Vermieter klopft an Ihre Tür, um Ihnen zu sagen, dass die Leute aus der Eigentumswohnung über Ihnen in eine andere Stadt ziehen wollen. Er fragt Sie, ob Sie jemanden kennen, der die Wohnung vielleicht mieten oder kaufen möchte. Bei jeder kleinen Synchronizität sträuben sich Ihre Nackenhaare und allmählich kommt Ihnen der Gedanke, dass Sie ins Immobiliengeschäft einsteigen könnten.

Jeden Tag bekommen Sie auf subtile Weise Führung aus Ihrer inneren Welt – durch Träume, Synchronizitäten, Ahnungen, das Buch, das aus dem Regal fällt; eine Fernsehsendung oder sogar aus dem Mund kleiner Kinder. Ich bekomme viel Führung aus Träumen, aber wenn ich sehr beschäftigt bin und morgens schnell aus dem Bett springe, lösen sich meine Träume normalerweise gleich in Luft auf. Wenn ich mich jedoch bemühe, noch ein paar Minuten lang ruhig liegen zu bleiben, gelingt es mir oft, einen Zipfel des Traumes festzuhalten. Indem ich mir noch ein paar Minuten Zeit lasse, um dem Traum einen Titel geben und ihn in mein Tagebuch schreiben zu können, öffne ich ein Fenster zu meiner inneren Führung. Wenn ich mich in einer Übergangsphase befinde und Führung besonders nötig habe, achte ich noch sorgfältiger als sonst auf meine Träume.

In den späten 1980er Jahren hatte ich einen Traum, in dem ich ein Fläschchen mit Nitroglycerin in der linken Brusttasche meines Blazers trug. Es strahlte Hitze und Gefahr ab. Glücklicherweise befand ich mich in einem Krankenhaus und eine Schwester schüttete den Sprengstoff vorsichtig in den Ausguss und spülte mit Wasser nach. Wir waren beide erleichtert, dass wir die Katastrophe im Keim erstickt hatten. Als ich aufwachte, konnte ich mich lebhaft an den Traum erinnern und fühlte immer noch die Hitze an der Stelle auf meiner Brust, wo ich das Fläschchen mit Nitroglycerin getragen hatte.

Der Traum war so beunruhigend, dass ich fürchtete, ich könne Brustkrebs haben. Ich konnte zwar keine Knoten fühlen, aber ich beschloss, einen Chirurgen aufzusuchen, der einmal eine Biopsie an meiner anderen Brust vorgenommen hatte. Die Untersuchung ergab nichts und er entließ mich als Neurotikerin, die sich unnötige Sorgen machte. Ein paar Monate später fiel dem Radiologen während meiner jährlichen Mammographie eine Ansammlung verkalkter Zellen in meiner linken Brust auf. Man stellte mich vor die Wahl, eine Biopsie vornehmen zu lassen oder abzuwarten. Ich erinnerte mich an den Traum und entschied mich für die Biopsie. Sie offenbarte prämaligne Zellen, die durchaus bösartig werden konnten. Das explosive Nitroglycerin, das in meinem Traumkrankenhaus in den Abguss geschüttet worden war, hatte eine beängstigende Ähnlichkeit mit dem, was im wirklichen Leben passiert war. Glücklicherweise hatte ich den Hinweis ernst genommen.

Die Verbindung zu Ihrer inneren Führung kommt auf ganz natürliche Weise zu Stande, wenn Sie die starke Absicht haben, sie herzustellen. Die Absicht konzentriert die Aufmerksamkeit. Aber je beschäftigter wir sind, desto leichter kann es passieren, dass wir auf der Oberfläche des Lebens dahin gleiten und die Führung durch unsere Seele nicht beachten oder völlig ignorieren.

Nehmen Sie sich also ein paar Minuten Zeit und denken Sie darüber nach, was es für Sie bedeuten könnte, sich auf diese Führung einzustimmen. Das Aufzeichnen von Träumen, Ahnungen und Synchronizitäten kann Ihnen helfen, Ihrer inneren Führung mehr Aufmerksamkeit zu schenken.

Wenn Sie ihr entsprechend handeln, ist es wahrscheinlich, dass Übergangsphasen Sie mehr in Ihre Mitte bringen und dazu, im Einklang mit Ihrer Seele zu leben, statt Sie in Sackgassen oder auf gefährliches Territorium zu führen.

Teil 4

Auf den Boden kommen –
Praktische Notwendigkeiten

15

Schlaflose Nächte

Im Sommer 2001 nahm ich in Trento, Italien, an einem informellen Gespräch mit Seiner Heiligkeit dem Dalai Lama teil. Einer der Teilnehmer, ein sehr beschäftigter Pastor, stellte eine Frage, die ihm sehr am Herzen lag: Wie konnte er ein besserer spiritueller Führer werden? Seine Heiligkeit grinste und antwortete: »Sehen Sie zu, dass Sie mehr Schlaf bekommen.« Viele Köpfe nickten wissend, einschließlich meines aufgrund der Wechseljahre manchmal von Schlaflosigkeit geplagten.

Wenn Sie nicht genug Schlaf bekommen, ist es schwierig, freundlich zu sein, Ihre Prioritäten aufrechtzuerhalten und einfach immer schön weiterzumachen. Und dennoch, in einer 24/7-Gesellschaft, wo man alles, von der Unterwäsche bis zum Zelt mitten in der Nacht bei allen möglichen Versandhäusern bestellen kann, ist Schlaflosigkeit zur Gewohnheit geworden. In den USA gilt sie als das Gesundheitsproblem Nummer eins. Experten zufolge schlafen wir heute zwanzig Prozent weniger als unsere Vorfahren vor hundert Jahren. Das ist auch kein Wunder. Sie kamen nicht in Versuchung, mitten in der Nacht ihre E-Mails zu lesen, wenn sie eigentlich nur aufgestanden waren, um ein Glas Wasser zu trinken oder auf die Toilette zu gehen.

Viel beschäftigte Menschen, sagen die Forscher, neigen dazu, sich mehr Zeit zu verschaffen, indem sie weniger schlafen. Ich selbst habe das getan, wenn ich wichtige Termine einzuhalten hatte, und bin immer ein paar Tage lang ganz gut damit zurechtgekommen ... aber dann war Schluss. Zu müde um einen klaren Gedanken zu fassen, gereizt und unglücklich, kam ich ganz aus meiner Mitte und wurde zu einer düsteren statistischen Größe in den Annalen des Schlafentzugs und der verminderten Leistungsfähigkeit. Ich habe Freunde, die sich ständig damit brüsten, wie wenig sie schlafen. Es erfüllt sie auf eine perverse Weise mit Stolz: »Seht ihr, wie beschäftigt ich bin? Ich muss wirklich wichtig sein.« Vielleicht. Aber ich weiß, dass sowohl ihre Arbeit als auch ihr Familienleben leidet, wenn sie dem Gott des Kommerz ihren Schlaf opfern. Und ihr Leben verkürzt sich auch. Menschen, die weniger als sechs Stunden pro Nacht schlafen, sterben früher als diejenigen, die sieben Stunden oder länger schlafen.

Der Preis der Schlaflosigkeit

Eine Umfrage der National Sleep Foundation, Washington D. C., hat ergeben, dass 40 Prozent aller Amerikaner tagsüber so müde sind, dass sie nicht effektiv arbeiten können. Ich bin immer erstaunt, dass in Bücher über inneres Gleichgewicht und Effektivität so selten etwas über Schlaf geschrieben wird. Wenn Sie davon nicht genug bekommen, sind sämtliche organisatorischen Tipps der Welt im Prinzip sinnlos. Wenn Sie fix und fertig sind, fällt es Ihnen sogar schwer, Ihren Palm Pilot zu programmieren oder Ihren

Wecker richtig zu stellen. Gründlich aufzuräumen oder den Eintopf einzufrieren, den es nächste Woche zum Abendessen geben soll, sind weniger wichtige Prioritäten, wenn Sie über der Suppe einnicken, wie es Präsident Bush senior einmal während eines Staatsbesuchs in Japan passiert ist.

In einer Studie, die im *British Journal of Occupational Health and Environmental Medicine* veröffentlicht wurde, war davon die Rede, dass die Folgen von Schlafentzug denen der Trunkenheit sehr ähnlich sind. Wenn Sie weniger als sechs Stunden schlafen, kann das Ihr Erinnerungsvermögen, Ihre Koordinationsfähigkeit, Ihre Reaktionsgeschwindigkeit und Ihre Urteilskraft beeinträchtigen. Autofahrer, die zwischen 17 und 19 Stunden am Stück wach gewesen waren, fuhren schlechter als Fahrer mit einem Alkoholspiegel von 0,5 Promille, die in vielen europäischen Ländern schon wegen Trunkenheit am Steuer belangt werden können. In Amerika berichteten 62 Prozent der Befragten, dass sie sich beim Fahren manchmal schläfrig fühlten, und 27 Prozent gaben tatsächlich zu, dass sie in dem Jahr, zu dem sie befragt wurden, manchmal hinter dem Steuer eingenickt waren. Es ist kein Wunder, dass 100 000 Autounfälle pro Jahr auf Müdigkeit des Fahrers zurückzuführen sind.

Nach Schätzungen der National Sleep Foundation verursacht Schlaflosigkeit einen jährlichen Produktivitätsverlust von 18 Milliarden US-Dollar. Wenn Sie die Kosten hinzurechnen, die durch einen schlechten Gesundheitszustand der Arbeitnehmer, Industrieunfälle und Irrtümer entstehen, ist der Verlust sogar noch größer. Viele Industrieunfälle sind auf Müdigkeit zurückzuführen. Die meist erwähnten sind die Reaktorunfälle von Tschernobyl und Three-Mile Island, die

Explosion der Raumfähre Challenger und die durch den Tankerunfall der Exxon Valdez verursachte Ölpest. Mehr als die Hälfte aller befragten Arbeiter (51 Prozent) gaben zu, dass Müdigkeit am Arbeitsplatz die Quantität ihrer Arbeit ebenso vermindert wie deren Qualität. Als die Arbeiter einschätzen sollten, welchen Einfluss Müdigkeit auf ihre Arbeit hatte, war die durchschnittliche Antwort, dass sie ihre Leistungsfähigkeit um 30 Prozent reduziere.

Wenn all diese Statistiken immer noch nicht genügen, um Sie davon zu überzeugen, dass Schlaf wichtig ist, sollten Sie dies bedenken: Schlafmangel macht dick. Er führt nämlich zu Glukose-Intoleranz, gesteigertem Appetit und schlechtem Stoffwechsel. Dies wiederum erhöht Ihr Risiko, Typ II-Diabetes, auch Altersdiabetes genannt, zu entwickeln.

Wie viel Schlaf ist genug?

Wie viel Schlaf brauchen Sie? Genug um sich am nächsten Tag ausgeruht zu fühlen, sagen die Experten. Obwohl Thomas Edison die Glühbirne erfand, schlief er zehn Stunden pro Tag – sechs in der Nacht und zweimal zwei Stunden am Tag. Ich brauche etwa sieben Stunden Schlaf, um mich am nächsten Tag ausgeruht zu fühlen, aber bevor ich in die Wechseljahre kam, brauchte ich acht oder neun. Die meisten Menschen brauchen zwischen sieben und neun Stunden Schlaf, um optimal zu funktionieren. Das Problem ist, dass viele von uns dem Schlaf eine so geringe Priorität geben, weil sie fälschlicherweise annehmen, sechs Stunden Schlaf seien genug oder man könne Schlafmangel durch längeres Schlafen am Wochenende ausgleichen. Das ist nicht möglich. Verloren ist verloren und die Folgen des Schlafmangels sind kumulativ.

Es ist nicht verwunderlich, dass Frauen viel häufiger über Müdigkeit und Erschöpfung klagen als Männer. Frauen übernehmen nach wie vor den größten Teil der Hausarbeit und der Kinderbetreuung, selbst wenn sie verheiratet sind und wie ihr Mann außer Haus arbeiten. Frauen mit Kindern unter 18 bekommen am wenigsten Schlaf von allen. Jede Mutter weiß, dass sie so etwas wie einen intuitiven Piepser im Kopf hat, der mitten in der Nacht losgeht, wenn die Kinder unruhig werden. Babys füttern und beruhigen, sich um ältere Kinder zu kümmern, wenn sie nachts aufwachen, und auf Teenager zu warten, die vielleicht zu spät nach Hause kommen, kann die wertvolle Schlafenszeit ganz empfindlich beschneiden. Im Durchschnitt schlafen Erwachsene mit Kindern 6,7 Stunden pro Nacht, während es ihre kinderlosen Altersgenossen auf durchschnittlich 7,2 Stunden bringen.

Wie bekomme ich mehr Schlaf?

Es gibt viele Gründe, warum Menschen nicht genug schlafen. Von Peter stehlen, um Paul zu bezahlen in der Hoffnung, dann mehr Stunden pro Tag zur Verfügung zu haben, ist einer davon. Aber was ist mit der Zeit, die Sie im Bett verbringen, weil Sie eigentlich schlafen möchten, und in der Sie dann statt Schäfchen Ihre Sorgen zählen? Etwa 10 Prozent aller Amerikaner leiden an chronischer Schlaflosigkeit und weitere 50 Prozent haben Probleme mit dem Durchschlafen und wachen nachts immer wieder auf. Neben medizinischen Problemen, die zunächst immer ausgeschlossen werden sollten, sind Depressionen und Stress die häufigsten Ursachen für Schlaflosigkeit. Schlafkliniken schießen in allen Städten wie Pilze aus dem Boden und eine größere Studie hat ergeben, dass ein achtwöchiges Schlafprogramm bei Schlaflosigkeit sehr viel effektiver helfen konnte als Schlaftabletten.

Was also lernt man in diesen Schlafkliniken? Obwohl sich die »Lehrpläne« unterscheiden, sind Stressreduktion und Entspannungstechniken wichtige Komponenten. Wenn Sie lernen, wie Sie wieder in Ihre Mitte kommen, erlaubt Ihnen das, quälende Gedanken loszulassen, Muskelverspannungen abzubauen und in den gegenwärtigen Moment zu kommen, damit Sie auf ganz natürliche Weise einschlafen können. Gesunder Menschenverstand kann Ihnen auch beim Schlafen helfen. Anregende Stoffe wie Koffein und Nicotin wegzulassen ist eine nahe liegende Strategie. Aber Fernsehen und sogar Lesen kann auch anregend wirken. Wenn Sie Ihr Bett als Büro benutzen, können Sie es gleich aufgeben. Im Bett zu arbeiten, zu essen oder sonst etwas zu tun, außer zu schlafen und Sex zu haben, kann ein chronisches Schlaflosigkeitsmuster hervorrufen. Und die kleinen Schönheitsschläfchen zwischendurch sollten auf eine halbe Stunde oder weniger beschränkt werden. Lärm von draußen, Licht (selbst als Leuchtziffern im Wecker), Haustiere oder Kinder, die auf Ihnen herumspringen, oder ein zu warmes Schlafzimmer sind offensichtliche Störfaktoren.

Als ich eine Klinik für Stresspatienten leitete, gab ich meinen Patienten die Empfehlung, sich ins Bett zu legen, ihre Gebete zu sprechen (wenn das Teil ihrer religiösen Praxis war) und dann eine Progressive Muskelentspannungsübung zu machen, beginnend mit den Muskeln am Kopf bis hinunter zu den Füßen. Wenn sie am Ende dieser Übung immer noch wach waren, war dies der perfekte Zeitpunkt zum Meditieren. Die Experten sind sich jedoch einig, dass Sie, wenn Sie nach zwanzig Minuten immer noch nicht eingeschlafen sind, am besten aufstehen und etwas Entspannendes tun, zum Beispiel ein heißes Bad nehmen oder ein Glas Kräutertee oder warme Milch trinken. Manche Menschen schlafen zwar schnell ein, wachen aber mitten in der Nacht oder ganz früh am Morgen wieder auf. Auch dann sind Entspannung und Meditation genau das Richtige.

16

Ausgebrannt?

Ihr Chef hat Sie beauftragt, den Kundenservice zu verbessern. Noch vor einem Jahr hätten Sie das als faszinierende Herausforderung empfunden und es hätte Ihnen sogar Spaß gemacht. Jetzt ist es eher irgendwo zwischen Plackerei und Strafe angesiedelt. Sie haben sowieso schon so viel zu tun und das Telefon wird andauernd klingeln. Heute Nachmittag findet das diesjährige Finalspiel der Kinderliga statt, in der Ihr Sohn mitspielt, und es würde ihm so viel bedeuten, wenn Sie dabei sein könnten. Aber Sie müssen fünfzehn Telefonanrufe beantworten, die meisten von verärgerten Kunden. Diese Idioten. Früher waren Sie so gut am Telefon. Die Kunden liebten Sie und gaben Ihnen begeisterte Rückmeldungen. Jetzt würden Sie Ihre Kunden am liebsten alle in der Pfeife rauchen. Sie sind ziemlich schockiert, dass Sie sich in ein solches Biest verwandelt haben. Was ist mit Ihrer Unschuld passiert, mit Ihrem Idealismus, mit Ihrem von Herzen kommenden Wunsch, alles ein wenig besser zu machen?

Es ist Mittagspause und ein paar Freunde möchten in ein nettes italienisches Restaurant in der Nähe gehen. Sie haben keine Lust, also bleiben Sie an Ihrem Schreibtisch sitzen und essen ein Automaten-Sandwich, während Sie abwechselnd eine Illustrierte lesen und Löcher in die Luft starren. Ihr

Energiepegel ist ziemlich weit unten und Sie haben Magenschmerzen. Sie waren in letzter Zeit oft krank und befürchten, dass irgendwo in Ihnen ein Krebsgeschwür wächst. In der Tat machen Sie sich Sorgen über alles. Die Firma schmeißt Leute raus und Sie könnten die nächste sein. Die Kinder sind nicht besonders gut in der Schule und Sie haben Schuldgefühle, weil Sie nicht öfter da sind, um sich um sie zu kümmern. Sie schließen die Bürotür ab, legen den Kopf auf den Schreibtisch und weinen. Was soll das eigentlich alles?

In Arbeitssituationen, in denen man einerseits mit den Bedürfnissen anderer konfrontiert ist und andererseits ständig viel von sich geben muss, in denen die Forderungen konstant bleiben und man sich eher isoliert denn als Teil eines Teams fühlt, brennt man schnell aus. Wenn die Unternehmenskultur an Ihrem Arbeitsplatz eher von Schnelligkeit geprägt ist, wird jeder Wunsch, die Dinge zu verlangsamen und mehr Ausgeglichenheit in das eigene Leben zu bringen, wahrscheinlich als Zeichen der Schwäche gewertet. In einem sehr klugen Internet-Aushang des MIT (Massachusetts Institute of Technology) werden zwölf Punkte zur Vermeidung und Heilung von Burnout genannt. Der Autor, ein Student, listet hier weise Strategien für ein ausgeglichenes Leben auf, zum Beispiel: auf die Weisheit des eigenen Körpers hören, Isolation vermeiden, Verhältnisse beenden, in denen man missbraucht wird; nein sagen lernen; aufhören, sich zu sehr um andere zu kümmern; delegieren lernen, Prioritäten klären und setzen, auf den eigenen Körper achten, sich keine unnötigen Sorgen machen, mit seinen Kräften haushalten und sich seinen Sinn für Humor bewahren.

Aber unter jeder Empfehlung steht noch eine Parodie, genannt »MIT view« (die MIT-Sicht). Hier zwei Beispiele:

»Nicht mehr leugnen. Hören Sie auf die Weisheit Ihres Körpers. Gewöhnen Sie sich an, offen zuzugeben, dass sich Stress und Druck bereits auf der körperlichen, der geistigen oder der emotionalen Ebene in Ihnen manifestiert haben. MIT-Sicht: Arbeiten Sie, bis der körperliche Schmerz Sie in die Ohnmacht zwingt.« Oder »NEIN SAGEN LERNEN. Sie können dazu beitragen, die allgemeine Lautstärke zu vermindern, indem Sie selbst laut sprechen. Das heißt: Lehnen Sie zusätzliche Bitten und Forderungen, die an Ihre Zeit und Ihre Gefühle gestellt werden, entschieden ab. MIT-Sicht: Sagen Sie niemals nein zu irgendetwas. Das ist ein Zeichen von Schwäche und vermindert die Forschungslautstärke. Was du um Mitternacht kannst besorgen, das verschiebe nicht auf morgen.«

Burnout – Symptome

In den letzten Jahren sind Ärzte und Therapeuten zunehmend auf das Phänomen Burnout aufmerksam geworden. Der Begriff wurde ursprünglich gebraucht, um einen Verlust an Idealismus und das Gefühl der Mutlosigkeit zu bezeichnen, das im sozialen Bereich arbeitende Menschen manchmal plagt. Diese Menschen ergreifen ihren Beruf meist, weil sie den von Herzen kommenden Wunsch haben, die Welt zu verbessern, aber sie werden letztlich von der Realität zermürbt, von einer schlecht funktionierenden Bürokratie; von Klienten, die zu fordernd sind oder nicht willens, sich zu verändern, und von mangelnder Anerkennung ihrer Bemühungen. Diese ausgebrannten Altruisten, die ursprünglich von der Hoffnung motiviert waren, bedeutsame Arbeit leisten zu können, werden allmählich zynisch, apathisch und erschöpft. Sie verlieren ihren Sinn für Humor; haben das Gefühl, dass ihnen die Hände gebunden sind und sie keine Möglichkeit haben, bedeutsame Veränderungen herbeizuführen, und isolieren sich, indem sie sich von Kollegen und Klienten zurückziehen.

Die meisten Frauen, ob sie nun im sozialen Bereich arbeiten oder nicht, erfüllen diese Rolle, weil sie eben typisch weiblich ist. Ein Leben, in dem man sich um alle anderen kümmert und darüber nur zu oft die eigenen Bedürfnisse ignoriert, kann zu Burnout führen, egal was wir tun, um unseren Lebensunterhalt zu bestreiten. Burnout ist deshalb so schmerzlich, weil es sich dabei in Wirklichkeit um den Verlust der Unschuld handelt. Das Gefühl, dass sich Ihr Herz verschließt, ist eine unglaubliche Quelle des Schmerzes. Manche Menschen bewältigen diesen Schmerz, indem sie abstumpfen oder wütend werden. Andere betäuben sich mit Alkohol oder Drogen.

Ausgebrannte Menschen werden dreimal öfter krank als Menschen, die sich innerlich ausgeglichen fühlen. Kopfschmerzen, Rückenschmerzen, Magenprobleme, Infektionskrankheiten und Immunschwächen werden immer häufiger. Wenn Burnout Ihre innere Flamme erstickt, wird das Leben zur reinen Plackerei. Dann können Sie die Arbeitsabläufe, die Ihnen früher Vergnügen bereitet haben, kaum noch bewältigen. Erinnern Sie sich an Sisyphus aus der griechischen Mythologie? Er war von den Göttern bestraft und dazu verurteilt worden, jeden Tag einen riesigen Felsblock den Berg hinaufzurollen, nur um ihn in der Nacht wieder hinunterrollen zu lassen. So fühlt sich Burnout an.

Was führt zu Burnout?

Einer der zentralen Faktoren, die zu Burnout führen, heißt Überlastung – man hat mehr zu tun, als man beim besten Willen bewältigen kann. Sie müssen kein Anbieter von Leistungen zur Gesundheitsfürsorge unter dem Joch einer Pflegedienstleitung sein, um dies zu erleben. Jede Frau, die Arbeit und Familie unter einen Hut zu bringen versucht und in 24 Stunden mehr schaffen will, als menschenmöglich ist, ist eine potenzielle Kandidatin. Wenn zusätzliche Stressfaktoren hinzukommen, gibt es einfach keinen Spielraum mehr. Dann ist Ihr körperliches und emotionales Limit erreicht und Burnout kann Fuß fassen. Deswegen ist es so wichtig, dass Sie in Ihrem Leben Raum für freie Zeit lassen. Wenn Sie dann in Notsituationen kommen oder Entlassungen in Ihrer Firma Ihre Arbeitsbelastung erhöhen, haben Sie noch ein wenig Luft.

Der Psychologe William Cone führt auch einen Mangel an beruflicher Anerkennung als Burnout auslösenden Faktor an. Er schreibt: »Manche Firmen sind der Ansicht, dass es Anerkennung genug ist, wenn sie Leute für ihre Arbeit bezahlen. Dennoch haben Forschungen ergeben, dass Geld nie der primäre Motivationsfaktor im Berufsleben ist. Einer meiner Klienten hat einmal gesagt: »Wenn Geld alles wäre, was mich interessiert, wäre ich Auftragskiller. Die Bezahlung ist gut, die Arbeitszeiten sind super und wenn meine Klienten sterben, habe ich das Gefühl, erfolgreich zu sein.« [11]

Dasselbe Bedürfnis nach Lob und Anerkennung wie im Beruf haben wir auch in unserem Privatleben. Wenn Sie für Ihre Familie Abendessen machen und diese Mühe unbemerkt bleibt und nicht anerkannt wird, dürfte Sie das ziemlich hart treffen. Das Erscheinen der bösen Hexe macht Sie darauf aufmerksam, dass der Burnout schon am Horizont heraufzieht.

Sich vom Burnout erholen

Firmen, die auf Burnout achten, investieren gut, denn in der Regel sind ihre engagiertesten und produktivsten Angestellten davon betroffen. Wenn Sie eher der Typ sind, der sich zurücklehnt und das Büro um Punkt fünf verlässt, bleiben Sie höchstwahrscheinlich von Burnout verschont. Aber wenn Sie immer Arbeit mit nach Hause nehmen oder abends länger arbeiten und dem Stress damit begegnen, dass Sie sich noch mehr ins Zeug legen, werden Sie sich am Ende entmutigt und ausgelaugt fühlen. Firmen, die in Gesundheits- und Erholungsprogramme für ihre Angestellten investieren und den Mitarbeitern das Gefühl geben, dass sie einbezogen werden und die Kontrolle über ihre Arbeitsbereiche haben, können eine Firmenkultur schaffen, die Wohlergehen, Ausgeglichenheit, Kreativität und Produktivität fördert.

Wenn Sie ausgebrannt sind oder das Gefühl haben, dass Sie sich auf dem besten Weg dorthin befinden, brauchen Sie vielleicht professionelle Hilfe, um sich wieder zu erholen. Ohne diese Hilfe tendiert man dazu, sich ein wenig auszuruhen und dann gleich wieder zu denselben Verhaltensmustern zurückzukehren. Burnout ist ein Warnzeichen. Es sagt Ihnen, dass Sie Ihre Verpflichtungen reduzieren müssen, um die Harmonie wiederherzustellen. Ihre erste Reaktion ist vielleicht: »Das weiß ich, aber es geht nicht.« Nun es geht *immer*.

Wenn Sie eine überperfekte Hausfrau sind, müssen Sie Ihre Standards vielleicht eine Weile lockern. Niemand stirbt an einem ungemachten Bett oder daran, dass das Frühstücksgeschirr abends immer noch in der Spüle steht. Aufgaben zu delegieren mag nicht Ihr Stil sein, aber dies ist ein guter Zeitpunkt es auszuprobieren, sowohl bei der Arbeit als auch zu Hause. Wenn Sie normalerweise an fünf Abenden pro Woche Abendessen kochen, kochen Sie jetzt eben nur noch an einem Abend oder sogar überhaupt nicht mehr. Entweder betrauen Sie andere Familienmitglieder mit dieser Aufgabe oder Sie lassen sich etwas Gesundes bringen. Wenn Sie ernstlich krank wären, wäre das Delegieren kein Problem. Wenn Sie an Burnout leiden, sollten Sie sich selbst als ernstlich krank *verstehen.* Denn immerhin, wenn Sie im alten Stil weitermachen, steuern Sie in diese Richtung.

Wenn Sie es sich finanziell leisten können, stellen Sie eine Haushaltshilfe ein. Ich habe eine wunderbare Frau gefunden, die mir beim Saubermachen und Organisieren hilft und Besorgungen für mich macht. Darüber hinaus ist sie Masseurin. Sie ist viel wichtiger für meine Gesundheit und mein Wohlbefinden als neue Kleider zu kaufen, teuren Urlaub zu machen oder Essen zu gehen. Wenn Wohlbefinden eine hohe Priorität hat, wird es leichter, die finanziellen Ressourcen zu finden, die es ermöglichen, indem man auf andere Ausgaben verzichtet. Das Gute am Burnout ist, dass Menschen unverwüstlich sind. Wenn Sie erst einmal ganz unten waren, können Sie sich erholen und eine viel gesündere und freudvollere Art zu leben entdecken. Und das tun Sie, indem Sie inneres Gleichgewicht ganz oben auf Ihre Prioritätenliste setzen.

17

Brauchen Sie diese Echse wirklich? – Der Weg in die finanzielle Freiheit

Eines Nachmittags sah ich Dr. Phil McGraw im Fernsehen. Er führte Interviews mit zwei viel beschäftigten jungen Familien, die in ernsten finanziellen Schwierigkeiten waren. Wie so viele Amerikaner lebten sie den Konsumententraum vom »guten Leben« mit einem Berg von Schulden, der kurz vor dem Umkippen war. Die Ehepaare waren in der Tretmühle des Verdienens und Ausgebens gefangen und hatten nicht einmal so viele Bargeldreserven, dass sie auch nur einen Monat lang ohne Gehalt hätten auskommen können. Und selbst ihr Gehalt reichte nicht, um ihre ständig wachsenden Schulden zu decken und ihnen weiterhin den Lebensstil zu ermöglichen, den das Fernsehen, Filme und Magazine ihnen als das vorstellten, was jedem Amerikaner zusteht.

Während Dr. Phil diese jungen Leute interviewte, war ihre Besorgnis offenkundig. Sie machten sich selbst fertig und waren erschöpft und besorgt, während das Schreckgespenst des Bankrotts immer näher rückte.

Eine dieser Familien hatte zwei Kinder, ein riesiges Haus, zwei nagelneue Autos, drei Hunde, eine oder zwei Katzen (glaube ich) und eine Echse. Dr. Phils Recherchеteam berichtete, dass die Haltung eines durchschnittlichen Haustiers

500 US-Dollar im Jahr kostet. Das waren also mindestens 2 000 Dollar im Jahr für dieses junge Paar. Die Echse war vermutlich billiger, aber sie forderte ihren eigenen Preis. Herr Echse fraß Mehlwürmer, die jede Woche frisch im Zooladen gekauft werden mussten, ein zusätzlicher Posten im ohnehin schon übervollen Zeitplan dieser Familie. Außerdem brauchten die Mehlwürmer ihre eigene Unterkunft, während sie auf ihr Schicksal als Teil der Nahrungskette warteten. Wenn Sie Ihr Tierfutter füttern müssen, ist es höchste Zeit, sich zu überlegen, wie man die Dinge vereinfachen könnte.

Als Dr. Phil die Mutter fragte, ob ihre Familie bereit sei, die Echse abzugeben, stieß er sofort auf Widerstand. Wie konnten sie? Ihr Sohn hing an dem Tier. Dr. Phil war nicht gerührt. Er schlug vor, sie sollten den Kindern die Wahrheit sagen. Sie waren schlecht mit ihrem Geld umgegangen und mussten ihr Leben neu ordnen. Alle würden Opfer bringen müssen, während sie sich einen vernünftigeren Lebensstil zulegten. Er machte ihnen gnadenlos deutlich, dass das Lernen dieser Lektion ein weit größeres Geschenk für ihren Sohn war, als die Echse behalten zu dürfen. Ich musste den Fernseher ausmachen, bevor Dr. Phil zu den Hunden, dem eleganten Haus, den teuren neuen Autos und all den anderen Spielsachen kam – die vermutlich samt und sonders den Weg der Echse gehen mussten.

Die Schuldenfalle

Ursache Nummer eins für Konflikte in heterosexuellen Beziehungen sind die Finanzen. Ich weiß nicht, ob das auch für gleichgeschlechtliche Partnerschaften zutrifft, aber ich weiß, dass der Umgang mit Geld selbst für die meisten Singles ein schwieriges Thema ist. Statistiken zufolge gibt der Durchschnittsamerikaner jeden Monat zehn Prozent mehr aus als er verdient, und siebzig Prozent von uns leben von Gehaltszahlung zu Gehaltszahlung. Der Hauptgrund dafür ist die Tatsache, dass Schulden seit der Einführung der Kreditkarten in den späten 1960er Jahren aggressiv vermarktet wurden. Die Kampagne war so erfolgreich, dass die meisten Amerikaner, besonders junge Erwachsene, Schulden als einen ganz normalen Teil des Lebens akzeptieren. Eine Kaufentscheidung wurde früher davon abhängig gemacht, ob man sich den betreffenden Gegenstand leisten konnte. Jetzt hängt sie davon ab, ob man ihn finanzieren kann. Das Resultat ist eine ständig wachsende Zahl von Familien, wie Dr. Phil sie beraten hat. Sie sind die Sklaven ihrer steigenden Ausgaben. Die »Güter«, die sie besitzen, gehören den Kreditgesellschaften und der Bank. Ihr Leben ist nicht mehr ihr Leben.

Verbraucherschulden erreichen astronomische Höhen. Sie sind allein zwischen 1999 und 2001 um atemberaubende 25 Prozent angewachsen. Bei mehr als dreißigtausend Kreditkarten-Programmen in den USA, die alle ganz wild darauf sind, Ihnen Schulden zu verkaufen, ist es nicht verwunderlich, dass der durchschnittliche Haushalt 8 562 Dollar Schulden hat, fast dreimal so viel wie 1990. Wenn Sie eine Summe von 3 000 Dollar in kleinsten Raten zahlen, brauchen Sie 431 Monate oder fast 36 Jahre, bis Sie Ihre Schulden abbezahlt haben. In dieser Zeit bezahlen Sie 7 511,74 Dollar Zinsen.[12]

Frieden mit dem Geld schließen – Drei einfache Schritte

Schritt 1: Der erste Schritt zum finanziellen Seelenfrieden besteht darin, alle Schulden zu tilgen, außer den Hypothekenschulden, wenn Sie welche haben. Es gibt viele Mittel und Wege, dies zu erreichen, aber unterm Strich ist Schuldentilgung sehr ähnlich wie Abnehmen: eine gnadenlose Balance zwischen Einnehmen und Ausgeben. Entweder müssen Sie mehr Geld verdienen, um Ihre Schulden abbezahlen zu können, oder Sie müssen weniger ausgeben. Das kann bedeuten, dass Sie kleinere Anpassungen vornehmen müssen, zum Beispiel die Echse wegzugeben, sich einen weniger teuren Friseur zu suchen, weniger oft essen zu gehen oder Ihre alten Kleider zu tragen, statt sich neue zu kaufen. Es kann aber auch bedeuten, dass Sie große Veränderungen hinnehmen und zum Beispiel ein Haus verkaufen müssen, das einfach eine Nummer zu groß für Sie ist. Auch Bausparkassen und Banken, bei denen Sie Hypotheken aufnehmen können, profitieren vom Geschäft mit den Schulden und daher ist es relativ leicht, einen Kredit zu bekommen, der viel höher ist, als Sie es sich in Wirklichkeit leisten können.

Schritt 2: Nachdem Sie Ihre Schulden getilgt haben, besteht der nächste Schritt darin, ein Sparkonto zu eröffnen. Experten raten zu einer Bargeldreserve von drei bis sechs Monatsgehältern als Sicherheitspolster für Zeiten der Arbeitslosigkeit oder Krankheit. Das Problem ist nur, die meisten Amerikaner sind schlechte Sparer. Unser jährliches Pro-Kopf-Einkommen ist hoch, aber die Sparrate beträgt weniger als vier Prozent und ist damit auf dem niedrigsten Stand seit 1959, als die Regierung Statistiken über unser Sparverhalten zu führen begann. Wenn man Geld auf der Bank hat, das einen vor finanziellen Katastrophen schützt, kann man seinen Seelenfrieden viel leichter aufrechterhalten. Der Schlüssel zur finanziellen Freiheit ist: Zahlen Sie zunächst etwas in die eigene Kasse. Entscheiden Sie, wie viel Geld Sie zurücklegen möchten, und schreiben Sie diesen Betrag als erstes in Ihren Finanzplan. Und wenn Sie keinen Finanzplan haben, müssen Sie einen machen. Wenn Sie bis zum Ende der Woche oder des Monats – je nachdem, wie oft Sie Gehalt bekommen – warten und dann sparen, was übrig geblieben ist, sparen Sie vermutlich wenig oder gar nichts.

Schritt 3: Der nächste Schritt besteht darin, ein Sparprogramm aufzustellen, in dem sich Ihr Geld vermehren kann. Ich wünschte, man hätte mir etwas über die Magie der Verzinsung beigebracht, als ich noch jung war. Hier ein Beispiel, von dem Sie vielleicht schon gehört haben: Sally zahlt acht Jahre lang tausend Dollar pro Jahr auf ihr IRA (Individual Retirement Account = Individuelles Rentenversicherungskonto) ein. Sie beginnt mit zweiundzwanzig Jahren und stellt die Versicherung mit fünfunddreißig Jahren beitragsfrei. Jennifer zahlt fünfunddreißig Jahre lang tausend Dollar im Jahr auf ihr IRA ein. Sie beginnt mit dreißig und hört mit fünfundsechzig auf einzuzahlen. Wenn man einen Zinssatz von zwölf Prozent zugrunde legt, hat Sally mit fünfundsechzig Jahren mehr Geld (388 865 Dollar) angesammelt als Jennifer (329 039 Dollar), obwohl Jennifer 35 000 Dollar investiert hat und Sally nur 8 000. Die Differenz ist auf die Zahl der Jahre zurückzuführen, die das Geld hatte, um Zinsen und Zinseszinsen zu bringen und sich auf diese Weise zu vermehren.

Mit weniger besser leben

Wenn es darum geht, finanzielle Angelegenheiten zu verstehen, gehöre ich eher zu den vielen Spätzündern. Das heißt, ich bin mehr wie Jennifer als wie Sally. Und es heißt auch, obwohl ich gut verdiene, kann es mir passieren, dass ich irgendwann Workshops über die Freuden des Greisenalters geben muss, wenn ich meinen jetzigen Lebensstil auch im Alter aufrechterhalten will. Die Alternative ist, meinen Lebensstil zu ändern, ein Plan, den ich gerade in die Tat umzusetzen beginne.

Auf einer Sommerkonferenz, an der ich teilnahm, sprach unter anderen Vicki Robin, die zusammen mit dem verstorbenen Joe Dominguez das Buch *Your Money or Your Life: Transforming Your Relationship with Money and Achieving Financial Independence* verfasst hat. Vicki gehört zu den Gründerinnen des so genannten Simplicity Movement (Bewegung zur Vereinfachung des Lebens). Sie genießt finanzielle Freiheit – einen Status, wo sie nicht mehr für ihren Unterhalt arbeiten muss – und lebt von 9 000 Dollar im Jahr. Dieses Geld stammt aus Investitionen, die sie in jüngeren Jahren getätigt hat. Außerdem gelingt es ihr immer noch, Geld zu sparen, weil sie auch ganz gut von nur 7 000 bis 8 000 Dollar im Jahr leben kann. Das Autorenhonorar für den Bestseller, den sie geschrieben hat, geht als Spende an gemeinnützige Organisationen, die für eine nachhaltige Welt arbeiten.

Wie Vicki es schafft, mit einem so niedrigen Einkommen bequem zu leben, wird in *Your Money or Your Life* dargelegt. Ihre Ideen basieren nicht auf Leiden und Entsagung, sondern machen Ihnen deutlich, wie Sie weniger ausgeben und dabei sogar besser leben können. Der Leitgedanke von Vickis

Arbeit ist: Geld ist eine Form von Lebensenergie. Sie fragt: Wenn Sie jemand mit einer Pistole bedrohen und »Geld oder Leben« sagen würde, was würden Sie dann tun? Die einfache Antwort lautet, wir würden ihm das Geld geben, weil unser Leben wertvoller ist. Die Wahrheit ist jedoch, dass wir nicht immer so handeln.

Wenn Sie achtzig Stunden pro Woche arbeiten, permanent erschöpft und ausgelaugt sind und wenig Zeit haben, sich an Ihrer Familie zu freuen, von den tollen Sachen, die Sie sich von Ihrem Geld gekauft haben, ganz zu schweigen, was sagt das dann über das aus, was Ihnen am wertvollsten ist? Sie haben Ihr Leben für Geld verkauft. Viele von uns, sagt Vicki, arbeiten nicht, um leben zu können. Vielmehr bringen wir uns um, damit wir Dinge kaufen können, die unser Leben nicht besser und auch unsere Welt nicht lebenswerter machen. Auf diese Weise töten wir die Welt und zerstören eine Umwelt, die schon jetzt gestresst ist.

Im Dezember 2000 stand Vicki in einem Live-Internetchat des Nachrichtensenders ABC zur Verfügung.[13] Sie sprach über finanzielle Themen in Zusammenhang mit Weihnachten und diskutierte mit den Zuschauern darüber, wie diese Jahreszeit zum finanziellen Albtraum für so viele Menschen werden kann. Die Freude am Schenken wird sowohl von dem wahnsinnigen Gedränge beim Einkauf von Geschenken und Geschenkverpackungen getrübt als auch von den Schulden, in die man sich dabei stürzt. Letzteres ist wahrlich ein Geschenk, das lange Freude macht, und zwar der Bank, von der Sie Ihre Kreditkarte haben. Vicki erwähnte, dass sie während der Feiertage mit ihren Lieben telefoniert, statt ihnen Geschenke zu kaufen. Auch meine Familie ist aus dem Karussell des Schenkens ausgestiegen. Wir spenden im Namen des jeweils anderen für einen guten Zweck. Es ist gut zu wissen, dass eine Familie in einem armen Land sich in diesem Jahr selbst versorgen kann und damit finanziell unabhängig ist, weil ich ihnen mit Hilfe der Heifer Foundation eine Kuh gegeben habe. Das bedeutet meinen Familienmitgliedern mehr, als wenn sie von mir wieder mal irgendeinen Schnickschnack oder einen Schal bekommen.

Das eigene Leben zu vereinfachen bedeutet, Verantwortung für die eigenen Finanzen zu übernehmen und am Ende finanzielle Freiheit zu erlangen. In diesem Prozess werden Sie sich ein paar sehr wichtige Fragen stellen. Was bedeutet mir wirklich etwas? Was sind meine Werte? Wie würde ich leben, wenn ich nicht so hart arbeiten müsste, um das neue Auto kaufen oder die Echse halten zu können, die mit Mehlwürmern gefüttert werden muss?

18

Arbeiten in einer Männerwelt – Wenn wir alle kündigen, was dann?

»Wenn wir alle kündigen, was dann?« Diese Frage wird in Wohnzimmern diskutiert, in den Teeküchen der Büros, hinter verschlossenen Türen, in Büchern und auf dem Podium bei Konferenzen. Mit diesem »Was dann?« wird nicht danach gefragt, wie einzelne Frauen überleben werden, wenn sie ihre Arbeitsstelle bei irgendeiner Firma kündigen. Viele dieser Abtrünnigen bilden das Rückgrat des am schnellsten wachsenden Wirtschaftszweigs der USA: von Frauen geführte Kleinunternehmen. Die Frage »Was dann?« bezieht sich darauf, was wohl aus dem Planeten werden wird, wenn Firmen so weitermachen wie bisher, ohne die weibliche Dimension des Mitgefühls, der Partnerschaft, der Zusammenarbeit und der vorausschauenden Führung mit einzubeziehen, die so dringend gebraucht wird, um unsere geplagte Welt zu verwandeln und künftigen Generationen ein lebendiges Erbe zu hinterlassen.

Gail Evans, Stellvertretende Programmleiterin der Domestic Networks beim Fernsehsender CNN, vertritt den Standpunkt, dass die Fortune 500-Unternehmen unser Leben und zu einem großen Teil auch das Schicksal der ganzen Welt bestimmen. Wenn Frauen es satt haben, in der Unternehmenslandschaft ständig an Karrieregrenzen zu stoßen (in Mama-

Sackgassen zu landen) oder andere Demütigungen hinnehmen zu müssen, und deswegen nach grüneren Weiden Ausschau halten, kompromittieren sie nach Ansicht von Evans die Zukunft aller. Wir müssen in Machtpositionen aufsteigen und darin bleiben, damit die weibliche Stimme gehört werden kann.

Als Planet stehen wir kurz vor der ökologischen Katastrophe. Als Spezies haben wir die schreckliche Macht, uns gegenseitig auszulöschen. Auf der anderen Seite sind wir bestens in der Lage, den Armen der Welt Nahrung und Gesundheitsfürsorge zukommen zu lassen und ihnen so weit zu helfen, dass sie sich selbst helfen können. In neuen und kreativen Partnerschaften können wir von traditionellen Kulturen wichtige Lektionen lernen und Brücken bauen, über die Informationen und Ressourcen zwischen ihnen und uns hin und her wandern können. Wenn sich eine solche Zukunft manifestieren soll – das heißt, wenn wir wirklich an globalem Frieden interessiert sind und an einer Welt, die auf Zusammenarbeit, gegenseitigem Verständnis, Respekt und Freundlichkeit basiert, dann ist es äußerst wichtig, dass Frauen eine lebendige und respektierte Stimme in Politik und Wirtschaft bekommen. Um das zu erreichen, führt Evans in Ihrem Bestseller *Business Games* aus, müssen Frauen die Regeln »des Spiels« verstehen lernen, das Männer spielen, und dann Veränderungen von innen herbeiführen, und zwar aus einer angesehenen und starken Position heraus.

Nach männlichen Regeln spielen

Nach männlichen Regeln zu spielen fällt den meisten Frauen schwer. Denjenigen, die es tun, sagt man oft nach, sie seien zu maskulin, aggressiv oder selbstsüchtig. In meiner Harvard-

Zeit wurde ich einmal von einem Reporter interviewt, der mich fragte: »Man bezeichnet Sie als aggressiv. Stimmt das?« Seine Frage war eine Anschuldigung, ein Affront. Ein aggressiver Draufgänger zu sein ist eine Eigenschaft, die man an Männern bewundert, an Frauen jedoch verachtet. Ich war nicht nur nicht aggressiv, sondern es fiel mir auch schwer, mich einfach nur durchzusetzen. Aber ich war auf jeden Fall zielstrebig und lebte für das, was ich tat. Frauen, denen es gelingt, sich in einer von Männern dominierten Umgebung zu behaupten und ihre Arbeit gut zu machen, riskieren, dass sie schmerzliche und oft schockierende Reaktionen bei Männern und unterschwelliges Missfallen bei anderen Frauen hervorrufen. In Bezug auf Letzteres hatte ich Glück. Die wichtigste Unterstützung, die ich in jenen schwierigen akademischen Jahren hatte, kam in Form von Verständnis und Ermutigung von wenigen engen Freundinnen. Durch sie lernte ich den Wert der Freundschaft kennen, etwas, das mir erst spät bewusst wurde, weil ich immer so etwas wie eine Einzelkämpferin in einer Männerwelt gewesen war.

Als ich anfing, in der Medizin wissenschaftlich zu arbeiten, erklärte mir ein Mentor eine Grundregel: »Was immer Sie tun, zeigen Sie keine Schwäche«, riet er mir. »Wenn Sie mit dem Bauch oben schwimmen, kommen die Haie und machen Sie fertig.« Für eine Frau, die daran gewöhnt war, Einigkeit durch Beschwichtigen und Gespräche zu erzielen und Emotionen als Mittel einzusetzen, um sich mit anderen zu verbinden, war diese Regel schwer zu befolgen. Wenn ich meine Ängste und Befürchtungen versteckte und einfach mit Volldampf vorausstürmte, riskierte ich, dass mich Frauen und Männer gleichermaßen für aggressiv hielten. Nach männlichen Regeln zu spielen kann dazu führen, dass sich eine Frau isoliert und seltsam fremd vorkommt – wie ein Transvestit im Businesskostüm.

Als ich der akademischen Medizin schließlich mit Anfang vierzig den Rücken kehrte, hatte mich die ständige Belastung, die es bedeutete, keine Schwächen zu zeigen und nach den Regeln zu spielen, völlig ausgelaugt, und das trotz des Rückhalts, den ich durch weibliche Freundschaften hatte. Ich hatte das Gefühl, entweder kündigen oder sterben zu müssen. Frauen drücken sich oft so dramatisch aus. Wenn wir sagen, dass uns ein Job umbringt, meinen wir oft buchstäblich, dass wir uns ernsthaft geschwächt fühlen, dass wir die Krankheit, die sich zusammenbraut, intuitiv erfassen. Ich bin gegangen, weil es mir wichtiger war, am Leben zu bleiben als meine Arbeit zu tun. In den fünfzehn Jahren, seit ich das Institut verlassen habe, habe ich mich dieser Entscheidung wegen kein einziges Mal schuldig gefühlt. Ich habe das Staffelholz an ein paar fabelhafte Frauen weitergegeben, die ich selbst ausgebildet habe. Ich bin vielleicht nicht das ganze Rennen gelaufen, aber ich glaube, ich war eine starke Staffelläuferin, habe meinen Part gut gemacht und dann das nächste Kapitel meiner Karriere aufgeschlagen. Ich bin froh, dass ich noch lebe und darüber sprechen kann.

Was zermürbt Frauen?

Viele Frauen beschweren sich, dass sie, wenn sie in einem Unternehmen ernst genommen werden wollen, mehr leisten müssen als die meisten Männer, und oft auch noch für weniger Gehalt. Es gibt einen alten Witz über einen Mann, der sich einer Geschlechtsumwandlung unterzogen hat. Ein Freund fragt ihn, ob die Operation, bei der seine Geschlechtsteile amputiert wurden, schmerzhaft gewesen sei. »Nun«, antwortet er, »der schmerzhafteste Teil der Operation war, als sie mein Gehalt mitten durchgeschnitten haben.« Das ist nur eine schwache Übertreibung der Fakten. Selbst wenn sie dieselbe Arbeit verrichten wie Männer, bekommen Frauen im allgemeinen niedrigere Löhne. Die Gehälter ganztags beschäftigter Frauen erreichen im Durchschnitt nur 68,4 Prozent dessen, was Männer verdienen.

Und während niemand die Tatsache in Frage stellt, dass ein Mann eine Familie mit seiner Karriere vereinbaren kann, ist eine Familie ein Nachteil für Frauen auf höheren Führungsebenen. Nur 46 Prozent der leitenden Angestellten in Unternehmen sind verheiratet und 52 Prozent hatten nie Kinder. Auf der anderen Seite sind fast 95 Prozent der Männer an der Spitze verheiratet, während die verheirateten Männer in der Gesamtbevölkerung nur einen Anteil von etwa 82 Prozent ausmachen. Ehe und ein starken Familienleben gelten als wichtig für die Position eines Mannes, aber als Nachteil für die einer Frau.

Die unsichtbare Karrieregrenze ist Realität. Während Frauen die Hälfte der Gesamtarbeitskraft stellen, haben wir viel weniger als die Hälfte der Entscheidungsgewalt. In nur vier aller Fortune 500-Unternehmen stehen Frauen an der Spitze. Hier eine Statistik, die diese Tatsache in ein sensationelles Licht stellt: Im Jahre 1968 waren 15 Prozent aller Abteilungsleiter in den USA Frauen. Wenn man einmal annimmt, dass es 15 bis 25 Jahre dauert, bis ein Abteilungsleiter Vorstandsvorsitzender oder Geschäftsführer geworden ist, müssten diese Spitzenpositionen heute zu mindestens 15 Prozent von Frauen besetzt sein. Bei der momentanen Beförderungsrate wird es noch 475 Jahre – oder bis zum Jahr 2478 – dauern, bis wir eine Gleichstellung in den Chefetagen erreicht haben.

Warum gibt es diese Ungerechtigkeit zwischen den Geschlechtern? In einer Umfrage, die das *Wall Street Journal* in Zusammenarbeit mit Gallup durchgeführt hat, wurden weibliche Abteilungsleiter nach dem größten Hindernis für ihre berufliche Karriere gefragt. Nur drei Prozent gaben familiäre Verpflichtungen an. Die Hälfte der Befragten nannte Gründe, die mit ihrem Geschlecht zu tun hatten, zum Beispiel männlichen Chauvinimus, eine ablehnende Haltung gegenüber weiblichen Chefs, die zögerliche Beförderung von Frauen und die einfache und offensichtliche Tatsache, dass sie Frauen sind. Andere größere Umfragen haben dasselbe ergeben. Frauen haben das Gefühl, dass man sie nicht ernst nimmt. Sexuelle Belästigungen und herabsetzende Verhaltensweisen werden oft eingesetzt, um Frauen auf ihren Platz zu verweisen. Wie wir mit diesen Dingen umgehen, entscheidet darüber, ob wir uns in einem von Männern dominierten System lange genug behaupten können, um zu Stellvertretern des Wandels zu werden oder nicht.

Wann lohnt es sich zu kämpfen?

Ich erinnere mich an einen Vorfall in der Blütezeit meiner akademischen Karriere, bei dem ich schwer herabgesetzt wurde. Damals stellte sich mir eine sehr wichtige Frage: Lohnt es sich in diesem Moment, meine Würde zu wahren und damit vielleicht meine Karriere aufs Spiel zu setzen? Wann heißt ein Gefecht zu gewinnen den Krieg zu verlieren?

Ich weiß aus Erfahrung, dass manche Leser und Leserinnen meine militärische Metapher anstößig finden werden, aber wenn Sie lange genug in einer Männerwelt erfolgreich sein wollen, um das System von innen heraus verändern zu können, gewöhnen Sie sich am besten an solche Formulierungen. Es kann nicht schaden, den Sport zu trainieren, während man ihn ausübt.

Da stand ich also müde und erschöpft vor dem Leiter des Fachbereichs Medizin im Harvard-Lehrkrankenhaus, wo ich Mitte der 1980er Jahre arbeitete. In der Hand hielt ich den kostbaren Stipendiumsantrag, für den ich wochenlang geschuftet und auf Schlaf und andere Annehmlichkeiten, wie Zeit mit meiner Familie, anständige Mahlzeiten und Sport, verzichtet hatte. Ich hatte funktioniert wie eine fein eingestellte Ein-Frau-Maschine, um all die ausgefallenen Details zusammenzutragen, die für einen Stipendiumsantrag erforderlich waren: einen durchführbaren Forschungsplan erarbeiten, unterstützende Daten analysieren und präsentieren, Zustimmungserklärungen von Mitarbeitern sammeln sowie ein Budget und einen Zeitplan für die unterschiedlichen Phasen des Projekts aufstellen. Die letzte Hürde, die ich nehmen musste, bevor ich das Magnum Opus an die National Institutes of Health schicken konnte, war nur eine Formalität. Ich brauchte die Unterschrift des Fachbereichsleiters. Und ich war nicht die Einzige mit diesem Anliegen. Die heiligen Hallen waren voll von anderen potenziellen Stipendiaten, die fieberhaft und in letzter Minute das gleiche Ziel erreichen wollten.

Der Fachbereichsleiter baute sich mit vor der Brust verschränkten Armen vor mir auf und betrachtete mich geringschätzig von oben bis unten. Angesichts seines vernichtenden

Blickes und seiner absoluten Macht schwand meine Kompetenz dahin. Ich fühlte mich wie ein Wurm, der gerade aus einem Loch gekrochen war und nun von einem hungrigen Vogel begutachtet wurde, der sich überlegte, welchen Teil von mir er als erstes fressen sollte. Statt mich mit Dr. Borysenko anzusprechen, nannte er mich »Mizzz Borysenko«, wobei er das zzz in einer Weise in die Länge zog, die absichtlich entnervend und spöttisch war: »Mizzz Borysenko, warum haben Sie bis zur letzten Minute gewartet, um meine Unterschrift einzuholen?«

Obwohl ich einen größeren Kloß im Hals hatte, schluckte ich die Missachtung meines professionellen Status geflissentlich hinunter. Ich hatte viereinhalb Jahre für meine Harvard-Promotion gearbeitet und dann noch einmal fünfeinhalb Jahre, um drei weiterführende Forschungsarbeiten an dieser ehrwürdigen Einrichtung abzuschließen. Ich unterrichtete Medizinstudenten, saß in Komitees, leitete eine innovative Körper-Seele-Klinik, hatte Artikel in Fachzeitschriften veröffentlicht und bereits andere Stipendien bewilligt bekommen. Der Titel Dr. Borysenko war hart erarbeitet und gut eingeführt. Indem er ihn unterschlug, versuchte der Fachbereichsleiter, mich auf meinen Platz zu verweisen. Wenn ich mich in diesem Moment dagegen gewehrt hätte, hätte ich nichts erreicht und vielleicht sogar die wichtige Forschungsarbeit in Gefahr gebracht, deretwegen ich schon so viel drangegeben hatte. Also lächelte ich, entschuldigte mich für meine Säumigkeit, bekam die Unterschrift und ging meiner Wege.

Der Vorfall bedrückte mich in diesem Moment und ging mir jahrelang nicht mehr aus dem Kopf. Ich war auf dem schmalen Grat zwischen zwei Möglichkeiten gewandert:

meine Würde zu verkaufen oder meine Karriere aufs Spiel zu setzen. Es war eine Situation, in der ich nur verlieren konnte. Hatte ich die richtige Entscheidung getroffen oder hätte ich dem Fachbereichsleiter energisch entgegentreten sollen? Ich war erleichtert, als ich Jahre später Auszüge aus einem Interview mit Dr. Bernadine Healy las, die 1991 zur Leiterin der National Institutes of Health ernannt worden war. Auch sie sagte, dass sie sich immer gut überlegen musste, wofür es sich zu kämpfen lohnt; dass sie besser sein musste als die Männer, um es so weit zu bringen, und dass sie Sexismus ignoriert und den Mund gehalten hat, während sie sich entschlossen auf ihr Ziel zu bewegte. Und das war ein bemerkenswertes Ziel: Sie gründete die Women's Health Initiative (Initiative für Frauengesundheit), um sicherzustellen, dass endlich auch Frauen bei der Gesundheitsforschung berücksichtigt wurden. Es brauchte eine Frau, die selbst in einer schwierigen Umgebung beharrlich genug war, die Dinge zurechtzurücken und eine starke Grundlage für angemessene biologisch-medizinische Forschungsarbeit im Bereich der Frauengesundheit zu legen.

Die stärksten Unternehmenskulturen werden sich dort entwickeln, wo es ein echtes Gleichgewicht zwischen männlichen und weiblichen Elementen gibt. In der aufgezeichneten Geschichte hat sich die Waagschale in der Welt der Arbeit und der Politik fast ausschließlich auf der männlichen Seite nach unten geneigt. Aber unter dem Getöse der Macht und des Expansionsbestrebens wird allmählich ein gleich bleibender neuer Herzschlag laut. Es ist das Weibliche, das sich erhebt, nicht um ein von Männern dominiertes System zu ersetzen, sondern um es zu bereichern – um die Qualitäten der Intuition, der Partnerschaftlichkeit, der Teambildung, des Mitgefühls und um den Traum von einer Zukunft, in der alle Menschen Würde und Respekt genießen und in Frieden leben können. Darauf arbeiten wir hin. Lasst uns einander auf dieser Reise unterstützen. Und lasst uns tun, was getan werden muss, um in unserer Mitte zu bleiben, damit wir bei alldem nicht ausbrennen.

19

Die Sandwichgeneration – Sich selbst pflegen, während man andere pflegt

Die mittleren Jahre sind, wie eine kluge Frau einmal bemerkt hat, die Zeit, in der sich der Haarwuchs an den Beinen verlangsamt, wodurch frau viel Zeit bekommt, sich einen neuen Schnurrbart wachsen zu lassen. Aber Spaß beiseite. Die mittleren Jahre sind für viele Frauen eine Zeit der wachsenden Verpflichtungen, in der sie sich zwischen den Bedürfnissen ihrer Kinder und denen ihrer alternden Eltern regelrecht eingequetscht fühlen.

Aber Sie müssen nicht unbedingt eine Frau in den mittleren Jahren sein, um diesen speziellen Druck zu spüren. Meine Eltern waren beide um die vierzig, als ich geboren wurde, und mein Vater starb, als ich Ende zwanzig war. Nach seinem Tod war meine kränkelnde Mutter niedergeschlagen und allein und brauchte dringend Hilfe und Trost. Meine berufliche Karriere als Krebsforscherin und Assistenzprofessorin an einer medizinischen Fakultät war auf ihrem Höhepunkt und Justin und Andrei waren noch klein, gerade mal sechs und zwei Jahre alt. Eingeklemmt zwischen den Bedürfnissen kleiner Kinder und einem alternden Elternteil (von Arbeit und Ehe gar nicht zu reden), wurde ich zu einer Art Gourmet-Sandwich. Jeder wollte einen Bissen abhaben.

Meine Freunde Rachel und Toby, ein Paar Ende vierzig, dachten, sie hätten es geschafft. Ihre zwei Kinder waren endlich aus dem Haus und sie hatten sich vorgenommen, ihre Ehe neu zu beleben und ein Jahr lang auf Reisen zu gehen. Da starb Rachels Vater und ihre Mutter, Sara, hatte einen Herzanfall. Weil sie das einzige Kind war, lag es in Rachels Verantwortung, sich um ihre Mutter zu kümmern. »Oma Sara« zog ein und die Reisepläne wurden verschoben. Ein Jahr später ließ sich Rachel und Tobys Tochter scheiden und sie und ihre zwei kleinen Kinder zogen wieder in Mama und Papas Haus. Ihr einstmals leeres Nest war plötzlich zum Brechen voll mit vier Generationen.

Frauen als Betreuerinnen

Frauen sind die Betreuerinnen der Welt. Die statistischen Fakten sehen so aus, dass in den USA Töchter, Mütter, Großmütter und Ehefrauen vier Fünftel der unbezahlten Betreuungsarbeit abdecken. Wie Rachel kümmern sich viele Frauen – sowohl Töchter als auch Schwiegertöchter – um alte Eltern, und manche Mütter kümmern sich um behinderte Kinder. Es gibt auch viele Ehefrauen, die sich um kranke Ehemänner kümmern – übrigens eines der Hauptargumente, das Frauen gegen eine Wiederverheiratung im späteren Leben anführen. Außerdem gibt es immer mehr Großmütter, die sich um ihre Enkelkinder kümmern, besonders in Armutssituationen. Tatsache ist, dass in den USA fast zwei Millionen Kinder bei ihren Großeltern leben.

Betreuung ist zwar altruistisch und wird oft aus Liebe und Mitgefühl gegeben, aber dennoch ist sie ein monumentales, erschöpfendes Unterfangen, dass ohnehin schon stark beschäftigte Frauen völlig stressen und an ihre Grenzen bringen kann. Etwa die Hälfte aller Betreuerinnen arbeitet zusätzlich außer Haus. Andere sind gezwungen, ihre Stellen zu kündigen oder einen Halbtagsjob anzunehmen, weil das Betreuen selbst oft eine Vollzeitbeschäftigung ist. Eine im Jahre 1994 durchgeführte Studie ergab, dass sich um die 26 Millionen Menschen, meist Frauen, um kranke oder behinderte Familienmitglieder kümmern. Ich war überrascht zu erfahren, dass eine von vier Frauen bereits zwischen 35 und 44 zur Betreuerin wird und dass es bei den Frauen zwischen 55 und 64 schon 36 Prozent sind. Einige Studien zeigen, dass Personen, die andere betreuen, oft besorgt und niedergeschlagen, erschöpft und ausgebrannt sind. Ihr Immunsystem wird schwach und sie sind anfälliger für Krankheiten. Diejenigen, die sich um Angehörige mit Alzheimer kümmern, tragen ein besonderes Risiko. Alzheimer-Patienten brauchen eine besonders aufwändige Pflege und darüber hinaus können ihre Verhaltensänderungen erschreckend, gefährlich herzzerreißend und manchmal zum Verrücktwerden sein.

Wenn es ein Dorf braucht, um ein Kind großzuziehen, käme ein Dorf auch bei anderen Formen der Betreuung sehr gelegen. Auf einer Indienreise, die ich um 1980 unternahm, verbrachte ich ein paar Wochen in einem kleinen Dorf. Dort lebte unter einem großen Banyanbaum eine schizophrene Frau, die ständig aufgeregt mit sich selbst sprach. Verschiedene Dorfbewoner besuchten sie alle paar Stunden, brachten ihr Essen und kümmerten sich um all ihre Bedürfnisse. Aber die meisten von uns leben nicht mehr in Großfamilien oder engen Dorfverbänden, in denen es üblich ist, dass man sich umeinander kümmert. Weder leben wir im freundlichen

Schutz eines Banyanbaumes noch in der warmen Umarmung, die wir uns gegenseitig geben. Diejenigen, bei denen das noch der Fall ist, profitieren ganz deutlich davon, vor allem was Gesundheit und Seelenfrieden angeht.

Der Schutz der Gemeinschaft

Der soziale Rückhalt einer Gemeinschaft, in der wir betreut werden, selbst wenn wir andere betreuen, unterstützt uns auf der emotionalen und auf der körperlichen Ebene. Das ist einer der Gründe, aus denen ich mich entschieden habe, in einem kleinen Bergdorf zu leben. Sehen Sie, in einer Woche hat es zweimal geschneit, dann hatten wir zwei Tage lang Wind mit Sturmstärke, der den Schnee zu betonartigen Schneeverwehungen aufhäufte. Mein Auto saß in der Einfahrt fest und es gab weder eine Möglichkeit wegzufahren noch gab es irgendwo einen Schneepflug zu mieten. Ich rief in unserem kleinen Gold Hill-Supermarkt an, weil ich einen Rat suchte, und die Nachricht von meinem Problem verbreitete sich. Innerhalb von einer Stunde riefen vier Leute bei mir an. Einer bot mir einen Schneepflug an, wenn es ihm gelänge, seinen Jeep in Bewegung zu setzen. Ein zweiter wollte mir ein Auto leihen. Ein dritter bot an, mich freizuschaufeln, sobald der Wind aufgehört hatte und er lange genug draußen arbeiten konnte, um seinen Frontlader in Gang zu setzen. Eine vierte (Luzie, meine wunderbare Assistentin) bot mir an, mit ihrem Mann, Bob, vorbeizukommen und mich freischaufeln zu helfen.

Bob und Luzie kamen tatsächlich am nächsten Tag, als sich der Wind gelegt hatte, und gemeinsam gelang es uns, die Einfahrt soweit freizuschaufeln, dass das Auto hinausfahren konnte. Der Mann mit dem Frontlader kam wenig später und erledigte den Rest. Gott sei Dank für eine kleine Gemeinschaft, in der sich die Nachbarn noch umeinander kümmern.

Gesundheitsstudien zeigen, dass sich Menschen in solchen Gemeinschaften besserer körperlicher und seelischer Gesundheit erfreuen. Soziale Bindungen schaffen ein Sicherheitsnetz, das Individuen unter allen Umständen auffängt und Betreuern zur Verfügung steht, wenn diese eine Pause von ihren zermürbenden Pflichten brauchen. Wenn wir jung sind, scheint uns die Gemeinschaft weniger wichtig als mit zunehmendem Alter. Und in den Jahren, in denen wir mit unserer Karriere – und vielleicht auch noch mit Kindern – beschäftigt sind, ist der Wunsch, Teil einer Gemeinschaft zu sein, möglicherweise von so geringer Bedeutung, dass er uns noch gar nicht aufgegangen ist.

Wie sieht *Ihr* Leben aus? Sind Sie Teil einer unterstützenden Gemeinschaft oder nicht? Was könnten Sie tun, um eine Gemeinschaft zu schaffen oder sich einer der vielen Gemeinschaftsformen anzuschließen, die es da, wo Sie leben, geben muss?

Für eine Zukunft vorsorgen, die niemand haben will

Für Ihren inneren Frieden ist es entscheidend, dass Sie das, was das Leben Ihnen möglicherweise bringt – selbst das Undenkbare und Unangenehme – realistisch sehen. Wenn ich beispielsweise früher mit meinen Söhnen über das Älterwerden sprach, reagierten sie mit Verweigerung. »Mach dir keine Sorgen, Mama. Du wirst auch mit achtzig noch Ski fahren und Wanderungen machen.« Das würde ich gern, aber wer weiß, was noch kommt? Ich bin nicht das Orakel von Delphi und sie sind es auch nicht. Ein gesunder, extrem durchtrainierter Freund von mir, fünf Jahre jünger als ich, bekam eine schwächende Krankheit, die ihn zum Behinderten und seine sehr beschäftigte berufstätige Frau praktisch von heute auf morgen zur Betreuerin machte. Wenn ich meinen Söhnen gegenüber eine solche Möglichkeit erwähne, treten Tränen in ihre lieben Augen und sie versichern mir auf der Stelle: »Mach dir keine Sorgen, Mama. Du hast dich um uns gekümmert und wir werden uns um dich kümmern. Du kannst dann bei einem von uns wohnen. Wir *möchten*, dass du dann bei uns lebst. Wir lieben dich.«

Ich pflegte meiner eigenen Mutter gegenüber ähnliche Ansichten zu äußern, und sie reagierte darauf mit ungezügeltem Entsetzen und der für sie typischen bodenständigen Schlagfertigkeit. »Um Gottes Willen, was für ein schrecklicher Gedanke. Ein Albtraum. Wir würden uns gegenseitig umbringen. Du brauchst deinen Raum und ich meinen. Nur als Leiche würde ich jemals bei dir einziehen!« Glücklicherweise hatte sie die finanziellen Mittel, um sich einen häuslichen Pflegedienst leisten zu können, als sie ihn brauchte (am Ende in drei Schichten).

So sehr ich meine Söhne verehre, ich verstehe sehr gut, was meine Mutter meinte. Sie wusste, dass mir die Bürde des Betreuens zufallen würde, dass die Belastung extrem sein würde und dass ich mich um sie kümmern würde, selbst wenn es mich umbrachte. Sie wollte mir dieses schwierige Stück Weg ersparen. Und sich selbst wollte sie ersparen, mir zur Last zu fallen.

Wenn sie gesund sind, können alte Eltern, die bei Ihnen einziehen, ein wunderbares Geschenk sein. Gegenseitige Unterstützung und Liebe kann dem Leben eine schöne und oft fehlende Dimension geben. Kinder und Großeltern haben oft eine besondere Beziehung zueinander. Warum ist das so? Ein alter Scherz behauptet, weil sie einen gemeinsamen Feind haben. Aber eine reizende, von gegenseitiger Unterstützung getragene Situation kann sich mit einem Schlag verändern, wenn jemand – Ihre Eltern oder sogar Sie – pflegebedürftig wird.

Ob Sie nun ein Elternteil oder ein Kind sind, es zahlt sich aus, an die Zukunft zu denken und vorausschauend zu planen. Eine Erwerbsunfähigkeitsversicherung hat sich für zwei meiner Freundinnen bereits als Gottesgeschenk erwiesen. Die eine war Notärztin, bis sie nach einem Autounfall das Gefühl in einer Hand verlor. Die andere war Enthüllungsjournalistin, bis starke chronische Rückenschmerzen sie am Reisen hinderten.

Altenpflege ist ein viel komplexeres Thema als eine Versicherung gegen Erwerbsunfähigkeit. Sie erfordert genaue Nachforschungen, ehrliche Antworten auf Fragen, die abstrakt scheinen, wenn alles in Ordnung ist, und gute Kommunikation zwischen den Familienmitgliedern. Wenn Ihre Eltern noch leben, wo werden sie wohnen, wenn sie alt werden und irgendwann zu hinfällig sind, um für sich allein zu sorgen? Haben Sie sich überlegt, wie es wäre, wenn sie bei Ihnen wohnen würden? Würden sie sich langweilen, von Ihren kleinen Kindern gestört fühlen, würden sie sich isoliert fühlen oder eingeengt? Welchen Einfluss hätten sie auf Ihr ohnehin schon geschäftiges Leben? Kommen Sie gut miteinander aus, oder würden sie sich gegenseitig auf die Palme bringen? Und wenn

Sie der Elternteil sind, haben Sie sich all das gut überlegt und es mit Ihren Kindern besprochen? Als ich mich nach einer langfristigen Pflegeversicherung für mich selbst erkundigt habe, sagte ich im Scherz zu meinen Söhnen, dass dies das beste Geschenk sei, das ich ihnen für ihren Seelenfrieden machen könne. Und das meinte ich wirklich.

Als ehemaliges Blumenkind hätte ich mich früher beim Gedanken an den Erwerb einer Pflege- oder Erwerbslosenversicherung vor Lachen gebogen, aber das Älterwerden hat eine andere Saite in mir zum Klingen gebracht. Keine Meditation der Welt und keine Bemühung, gut auf mich aufzupassen, wird die Zeit anzuhalten vermögen oder mir auf ewig gute Gesundheit garantieren. Eines meiner lebenslangen Idole, der spirituelle Lehrer und Autor Ram Dass, sitzt nach einem Schlaganfall im Rollstuhl. Seine Meditationspraxis hat ihm sehr geholfen, seinen inneren Frieden zu bewahren. Dennoch ist er jetzt behindert und braucht sehr viel Pflege.

Weil Menschen immer länger leben, werden immer mehr von uns im Alter Pflege brauchen. Sie können zwar nicht jede Eventualität vorhersehen, aber dennoch könnte ein wenig Planung Ihr Leben oder das eines Ihrer Lieben entscheidend verändern. Auf zahlreichen Websites im Internet finden Sie gute Ratschläge für die häusliche Pflege alter Menschen sowie erste Informationen über viele Altenpflegeeinrichtungen und Links zu den Beratungsstellen der Kirchen und Kommunen. Mögen Sie und die Ihren mit guter Gesundheit, einem langen Leben und vorausschauendem Verstand gesegnet sein. Wie Mohammed gesagt haben soll: »Vertraue auf Gott, aber binde dein Kamel an.«

20

Seine Ehe, ihre Ehe – Was macht den Frauen zu schaffen?

Wenn ich auf Reisen bin, habe ich Gelegenheit, mit vielen Frauen ziemlich vertrauliche Gespräche zu führen. Sie holen mich vom Flughafen ab und bringen mich ins Hotel. Sie fahren mich zu meinen Vorträgen und wieder zurück. Wir gehen zusammen essen. Und am Ende bringen sie mich wieder zum Flughafen. Das Thema Liebe und Ehe kommt in den Unterhaltungen häufig zur Sprache. Wann immer ich eine glücklich verheiratete Frau treffe, interessiert es mich zu erfahren, warum ihre Ehe funktioniert. Aber wenn wir uns besser kennen und die Karten offen auf den Tisch legen, stellt sich nur allzu oft heraus, dass selbst langjährige Ehen nicht besonders gut funktionieren.

Ich, die ich dreimal geschieden bin, nach einer sehr langen und zwei kurzen Ehen, spitze dann immer die Ohren. Ich mache mir Gedanken darüber, wie unsere Ehen stark bleiben können, nicht nur für uns als Ehepartner, sondern vor allem für unsere Kinder. Das sind praktische Fragen und Herzensangelegenheiten, die so viele von uns gern besser verstehen möchten. Aber wenn wir unsere Ehen stärken sollen, müssen wir verstehen, was sie untergräbt, vor allem im Kontext des geschäftigen Lebens, das wir führen, wenn beide Partner möglicherweise arbeiten, gestresst sind und unter chronischem Zeitmangel leiden.

Eine seltsame Laune des Schicksals will es, dass gerade Valentinstag ist, während ich am Computer sitze und darüber nachdenke, was Ehen gelingen oder scheitern lässt. Der Eheforscher Dr. John Gottman, Leiter des »Love Lab« (Liebeslabor) an der University of Washington (wo hervorragende Partnerforschungen durchgeführt werden), sagt, dass die Scheidungsstatistiken katastrophal sind. Normalerweise sagt man uns, dass 50 Prozent aller Ehen mit einer Scheidung enden. In Wirklichkeit, sagt Gottman, enden in einem Zeitraum von vierzig Jahren 67 Prozent aller ersten Ehen auf diese Weise. Die Hälfte dieser Scheidungen wird in den ersten sieben Ehejahren vollzogen[14]. Diese ohnehin schon erschreckenden Zahlen verschlechtern sich bei allen weiteren Ehen noch um 10 Prozent.

Wenn Ehen scheitern

In meiner Kindheit waren Scheidungen eher ungewöhnlich. Das lag zum Teil daran, dass die meisten Frauen nicht über die finanziellen Mittel verfügten, die es ihnen erlaubt hätten, eine schlechte Ehe hinter sich zu lassen. Selbst heute geben Frauen als Grund, warum sie in schwierigen Beziehungen bleiben, am häufigsten finanzielle Erwägungen an. Die Tatsache, dass zwei Drittel aller Scheidungen von Frauen eingereicht werden, lässt darauf schließen, dass es ihnen heute leichter fällt, für sich selbst zu sorgen als je zuvor. Dennoch sinkt der Lebensstandard einer durchschnittlichen Frau nach der Scheidung um 73 Prozent, während der Lebensstandard eines durchschnittlichen Mannes um 42 Prozent steigt.

Ich ließ mich von meinem Mann, mit dem ich fast 25 Jahre verheiratet gewesen war, scheiden, als Andrei, unser jüngster Sohn, 21 und bereits auf dem College war. Fälschlicherweise ging ich davon aus, dass Andreis Alter und seine relative Unabhängigkeit den Schock mildern würden. Ich versuchte ihn zu beruhigen, indem ich ihm erzählte, wie gut sich seine Cousins mit der Scheidung ihrer Eltern abgefunden hatten, die vollzogen worden war, als die Kinder noch sehr klein waren.

»Du kapierst es nicht«, gab Andrei zurück. »Es war leichter für sie, weil sie zu jung waren um zu verstehen, was Scheidung wirklich bedeutet. Es ist eine Tragödie für alle, Mama. Ich habe meine Familie verloren«, schluchzte er. »Nichts wird je wieder so sein wie es war.« Innerhalb weniger Monate verlor er völlig die Orientierung, verließ das College und verbrachte zwei stürmische Jahre, bevor er sich so weit erholte, dass er den durchgerissenen Faden seines Lebens wieder aufnehmen und die Schule beenden konnte.

Eine Scheidung ist ein schwerer Schlag für Kinder, egal wie alt sie sind. Auch wenn viele Kinder hart im Nehmen sind und den Sturm der Scheidung gut überstehen, wird ihnen übel mitgespielt. Bei Scheidungskindern ist es wahrscheinlicher (zwei bis drei Mal wahrscheinlicher als bei anderen Kindern), dass sie psychologische Probleme, Schwierigkeiten mit ihren Eltern und Ärger in der Schule bekommen. Auch die Rate derer, die straffällig werden, Selbstmord begehen und als Teenager schwanger werden, ist bei Scheidungskindern höher als bei anderen.

Angesichts des Leides, das durch Scheidungen entsteht, beschäftigt mich vor allem die Frage, warum so viele Frauen aus ihrer Ehe ausbrechen wollen. Abgesehen von so schwierigen Themen wie Missbrauch, Abhängigkeit und Untreue klagen Frauen hauptsächlich über das allmählichen Schwinden der Liebe. Natalie Low, Ph. D., klinische Psychologin und Dozentin in Harvard, spricht von der Schwierigkeit, die erschöpfende Realität von Arbeit und Elternschaft ohne die Unterstützung von Großfamilie und Gemeinschaft zu meistern. Man vermittelt uns den Eindruck, dass wir alles haben können – perfekte Ehen, Karrieren und kluge, gut angepasste Kinder. Aber die Realität sieht unter Umständen ganz anders aus. Viele Paare berichten, dass die Elternschaft einen ernsten Stressfaktor für ihre Partnerschaft darstellt. Und wie die Forscherin Judith Wallerstein einmal scherzhaft bemerkte, ist eine Ehe ohne Kinder nur ein Rendezvous.

Die Hollywood-Illusion einer Bilderbuchromanze verblasst schnell, und wenn Paare nicht auf die Schwierigkeiten und Hemmnisse vorbereitet sind, die alle festen Beziehungen unweigerlich überwinden müssen, ist es unwahrscheinlich, dass ihre Partnerschaft Bestand hat. Eine Studie, die von Ted Huston, Professor für Humanökologie und Psychologie an der University of Texas in Austin, durchgeführt wurde, hat ergeben, dass sich gerade die Paare, die zur Zeit ihrer Hochzeit besonders glücklich verliebt sind, besonders schnell wieder scheiden lassen. Die Glückseligkeit weckt Erwartungen, die einfach zu hoch sind, als dass sie auf Dauer aufrechterhalten werden können, und irgendwann werden sie enttäuscht. Paare, die liebevoll und zärtlich miteinander umgehen – wie gute Freunde – haben die besten Chancen, glücklich verheiratet zu bleiben und den Übergang von der Romanze zur Partnerschaft zu schaffen.

Aber wie sieht die partnerschaftliche Realität in einer Ehe aus? Susan Maushart, die Autorin des sehr wütenden und oft sarkastischen, aber dennoch gut recherchierten Buches *Warum Frauen gerne heiraten und sich noch lieber scheiden lassen*, glaubt, dass es einen großen Unterschied zwischen »ihrer« und »seiner« Ehe gibt. Maushart ist der Ansicht, dass das Problem nicht in der Ehe selbst besteht, sondern vielmehr darin, eine Ehefrau zu sein. Sie schreibt: »In ihrer Ehe sehen sich die Frauen im höchsten Maße dazu angehalten, sich mit größtmöglicher Mühe um das leibliche und emotionale Wohl von Mann und Kindern zu sorgen. Egal, ob sie nebenher einer Teil- oder Vollzeitbeschäftigung nachgehen. Ob sie und ihre Partner in der Öffentlichkeit, privat oder auch nur in ihren Träumen für die Ideale der Gleichberechtigung eintreten. Egal, ob die Männer das zu schätzen wissen, anerkennen oder sich dessen überhaupt bewusst sind. Oder ob es den Frauen selbst bewusst ist.«[15]

Ich musste lachen, als Maushart einen ehelichen Unterschied ansprach, der mir glaubhaft vorkam. Dieses Szenario ist vielleicht nicht typisch für alle Ehen, aber es war mit Sicherheit ein Muster in meiner Ehe. In meinem Fall spielte es sich etwa so ab: »Wenn du mir nur sagen würdest, was zu tun ist, würde ich dir liebend gern helfen«, hätte mein Ex-Mann gesagt. Dieses Angebot schien immer mit dem unausgesprochenen Zusatz »wenn es mir in den Kram passt« versehen zu sein. Darüber hinaus wies allein schon das Angebot meines Mannes, mir zu helfen, auf den entscheidenden Unterschied zwischen *meiner* und *seiner* Ehe hin. Ich war sozusagen der Direktor mit der umfassenden Verantwortung für den Ablauf der Vorstellung, während er so eine Art ehrenamtlicher Mitarbeiter[16] war, der mit Samthandschuhen angefasst werden musste, wenn er überhaupt half. Letztendlich schien das ganze Hätscheln und Drängen, das notwendig war, um meinen Ehemann zum Helfen zu bewegen, fast anstrengender, als selbst zu machen, was zu tun war.

Wenn sie manche Frauen fragen, die in dieses Beziehungsmuster geraten sind, passiert etwas Seltsames. Sie idealisieren ihren Gatten und behaupten steif und fest, dass sie in einer gleichberechtigten Partnerschaft leben. In Wirklichkeit ist ihre Ehe fest in einer traditionellen, geschlechtsspezifischen Verteilung der im Haus anfallenden Arbeit verankert. Sie möchten es einfach nur nicht zugeben und sind verwirrt und unglücklich, weil sie ein Eheleben erwartet haben, das sich substanziell von dem ihrer Mütter unterscheidet. Wenn ihr Mann ein oder zweimal in der Woche das Abendessen kocht, loben sie ihn über den grünen Klee. Susan Maushart schreibt dazu: »Eine Frau, die von sich selbst sagt, sie habe ›Glück‹, weil ihr Mann ‚hilft', kann dies im Allgemeinen damit rechtfertigen, dass sie auf irgendeine Freundin oder Bekannte verweist, die ‚kein Glück' hat, weil ihr Mann ‚nichts tut'. Das ist ein bisschen so, als ob man überglücklich wäre, Hämorrhoiden zu haben, weil das so viel besser ist als ein Gehirntumor.«[17] Soziologen haben sogar ein Wort für diese folie à deux (Begriff, der auf zwei Menschen mit der gleichen Wahnvorstellung verweist) geprägt, in der die Ehegatten denken, sie seien gleichberechtigte Partner. Sie nennen es *Pseudomutuality* (Pseudogegenseitigkeit).

Der australische Soziologe Anthony McMahon hat herausgefunden, dass der durchschnittliche Ehemann mehr Arbeit macht, als er übernimmt. Zum Beispiel erledigen verheiratete

Männer weniger Hausarbeit als Männer, die allein leben. Wenn keine Frau da ist, um die Arbeit zu machen, machen die Männer sie eben selbst. Durch die Anwesenheit einer Partnerin ändert sich dies radikal. Die Ehe bietet einem Mann mehr Freizeit als irgendeine andere Zeit seines Erwachsenenlebens, außer dem Ruhestand.

Forschungen haben ergeben, dass berufstätige Ehefrauen 70 Prozent der unbezahlten Hausarbeit verrichten und fünfmal mehr an Kinderbetreuung übernehmen als ihre Ehemänner. Das sind durchschnittliche Zahlen. Es gibt natürlich auch Männer, die gleich viel Arbeit dieser Art verrichten. Verschiedene Studien siedeln sie irgendwo zwischen 2 und 12 Prozent des Ganzen an. Eine australische Studie, in der verheiratete Doppelverdiener mit Kindern unter zehn Jahren untersucht wurden, ergab, dass die Männer 16 Stunden mehr unverplante Zeit in der Woche hatten als ihre Frauen. Als die Kinder älter wurden, sank der Unterschied auf nur sieben Stunden. Doch das ist immer noch viel Zeit. Wenn Sie eine viel beschäftigte Mutter sind, kann Ihnen selbst eine halbe Stunde allein wie eine Reise in den Himmel vorkommen.

Eine andere Studie, die in den USA durchgeführt wurde, ergab, dass berufstätige Frauen drei Stunden pro Tag mit Hausarbeit verbrachten und ihre Männer nur 17 Minuten. Das hat sowohl Einfluss auf die Gesundheit als auch auf die Freizeit. Wenn Sie stark beschäftigt und aufgedreht sind, sondert Ihr Körper aktivierende Hormone namens Katecholamine – Epinephrine, Norepinephrine und Dopamine – ab. Am Ende eines Arbeitstages (und für viele von uns einer anstrengenden Pendelfahrt) ist der entsprechende Hormonspiegel hoch. Bei Männern fällt er schnell, sobald sie in ihr geruhsames Nest zurückkehren. Aber bei Frauen, die nur nach Hause gekommen sind, um ihren zweiten Job anzutreten, bleibt er hoch. Shelley Taylor hält dieses Stresshormon-Gefälle für einen der Gründe, aus dem die Ehe gut für die Gesundheit von Männern ist, aber nicht für die von Frauen. In der Tat ist Heiraten das einzig Wahre, was ein Mann für seine Gesundheit tun kann.

Intimität und emotionale Unterstützung

Je mehr Rollen Menschen spielen müssen, desto weniger Freizeit steht ihnen zur Verfügung. Da verheiratete und berufstätige Mütter so viele Funktionen erfüllen müssen, ist es nicht erstaunlich, dass sie so wenig Freizeit haben. Am meisten klagen verheiratete Frauen aber gar nicht über die Hausarbeit, sondern über den Mangel an emotionaler Unterstützung und Intimität in ihrer Ehe. Wenn die durchschnittliche Ehefrau mit ihrem Mann über das spricht, was sie stört, und Sympathie und Interesse erwartet, ist es wahrscheinlich, dass sie sich statt dessen einen Vortrag anhören muss. Männer möchten ihre Weisheit und ihre Problemlösungsstrategien weitergeben. Die Tendenz eines Ehemannes, die Probleme seiner Partnerin herunterzuspielen oder Ratschläge zu geben, wie sie zu lösen sind, bewirkt, dass die Frau mit der Last der Gefühle allein dasteht. Solche Interaktionen können zur Folge haben, dass sie sich eher kritisiert und ausgenutzt als getröstet und unterstützt fühlt. Wieder einmal bleibt ihr Stresshormonspiegel hoch. Sie muss sich entweder selbst beruhigen oder Unterstützung und Trost bei einer Freundin suchen.

In fast allen Ehen sind die Frauen für die Emotionen zuständig. Wir tendieren dazu, uns um unseren Partner zu kümmern, wenn er in Schwierigkeiten ist, ihn zu verstehen, zu beruhigen und zu beschwichtigen und ihm Zärtlichkeit und Sympathie zu geben. Wahrscheinlich passen wir auch unsere sexuellen Vorlieben an die unseres Partners an und verzichten auf unsere eigene Ruhe und Freizeit, um einem überarbeiteten oder überreizten Ehemann den Rücken freizuhalten. Doch die meisten Männer revanchieren sich nicht. Verheiratete Frauen berichten, dass ihr emotionaler Rückhalt in erster Linie von Freundinnen kommt. Eine Studie, in der das Zufriedenheitslevel von Frauen untersucht wurde, ergab, dass Frauen Freundinnen, Gesundheit und die Unterstützung durch ihre Familie als die drei Hauptquellen ihres Glücks nannten. Männer setzten ihre Ehe ganz oben auf die Liste.

Können Ehen funktionieren?

In den Buchhandlungen finden Sie Regale voller Bücher, die jedes denkbare System zur Verbesserung Ihrer Beziehung propagieren. Es ist auf jeden Fall wichtig, alte Wunden zu heilen, die Prinzipien der Liebe zu verstehen, aktiv zuhören zu können, einander nicht für garantiert zu nehmen, besseren Sex zu haben, fair zu kämpfen und emotionale Intelligenz zu entwickeln. Aber nichts von all dem genügt, wenn Sie Ihren Partner nicht mehr respektieren und ihm mit Verachtung, Kritik und Abscheu begegnen, wenn er seinen Teil der Arbeit nicht tut.

Gottmanns Forschungen zeigen, dass Abscheu und Verachtung die sichersten Vorboten einer Scheidung sind. Nachdem er ein Paar, das eine Meinungsverschiedenheit diskutiert, fünf Minuten lang beobachtet hat, kann Gottman die Wahrscheinlichkeit einer Scheidung mit 91-prozentiger Genauigkeit vorhersagen, teilweise indem er feststellt, ob die Partner einander verachten. Wenn wir unsere Ehen stärken wollen, müssen wir auch die Ungleichheit in alltäglichen Dingen ansprechen, zum Beispiel das Ausräumen der Spülmaschine, das Putzen der Toiletten, das Kochen der Mahlzeiten, das Planen von Familienfesten, den Kauf von Geschenken, das Füllen der Vorratsschränke und das Waschen der Wäsche. Gleichberechtigte Partnerschaften schaffen Respekt. Und dann hat die Verachtung weniger Boden, in dem sie Wurzeln schlagen kann.

Eine Freundin von mir – sie ist um die fünfzig – rief mich eines Tages an, weil sie sich fragte, warum sie so lange gebraucht hatte, um ihre Enttäuschung über die Art, wie die Arbeit in ihrer Ehe verteilt war, in den Griff zu bekommen. Sie fühlte sich erschöpft und ausgelaugt, weil sie in ihrem Leben so viel Zeit damit verbracht hatte, sich um alle und alles zu kümmern, ohne dass es jemandem aufgefallen wäre. Sie hatte gearbeitet, in ihrer Patchworkfamilie vier Kinder großgezogen und sich um einen Ehemann gekümmert, der in den Augen ihrer Freunde einfach perfekt war. Aber die Strapazen, die es bedeutet hatte, all das unter einen Hut zu bringen und so zu managen, dass das Ganze aufrechterhalten werden konnte, hatten sie fast an den Rand des Zusammenbruchs gebracht.

»Schreib ein Kapitel darüber in deinem Buch«, schlug sie vor. »Sag den Frauen, dass sich die Dinge nicht ändern werden, bis sie den Tatsachen des Lebens ins Auge sehen und über eine bessere Lebensweise verhandeln – und bis sie ihren

Töchtern und Söhnen andere Verhaltensweisen in der Ehe vorleben. Andernfalls wiederholen wir dieselben Muster immer und immer wieder, verhalten uns genau wie unsere Mütter und behaupten auch noch, wir seien ganz anders. Ich kann einfach nicht glauben, dass wir selbst das auch tun. Wenn wir Frauen noch Energie zur Veränderung der Welt übrig haben sollen, müssen wir mit der Veränderung unserer Ehen anfangen und unseren Kindern gleichberechtigte Partnerschaften vorleben.«

Gleichberechtigte Partnerschaften sind unentbehrlich für die Ausgeglichenheit – und für die Liebe auch. Darum geht es in der bezaubernden Parabel, die nun folgt.

Teil 5

Der Kern der Sache

21

Eine Parabel – Was wollen die Frauen?

Kürzlich saß ich mit sieben anderen Frauen im Kreis. Es war ein Ritual zum sechzigsten Geburtstag unserer Freundin Sara. Mit sechzig sieht man heutzutage jung aus und fühlt sich auch so. Dies kann also eine Zeit sein, in der man sich intensiver dem Leben zuwendet und sich erneut die Frage stellt: »Was will ich eigentlich?« Als wir nacheinander das Wort ergriffen, sprach eine schöne und kluge berufstätige Frau um die Vierzig davon, dass sie nicht wisse, was sie wirklich wolle. Wir stimmten ihr in dem Punkt zu, dass uns so viele Möglichkeiten offen stehen und es daher manchmal schwierig ist, unter ihnen zu wählen und das gute Gefühl zu haben, dass wir auf dem für unsere Seele besten Weg sind. Und selbst wenn wir zu wissen glauben, welches dieser Weg ist, können Hindernisse auftauchen. Dann können wir wählen, wie wir unser Boot durch die aufgewühlten Wogen des »Ich weiß nicht« steuern sollen – des »Ich weiß nicht, wohin ich gehe; ich weiß nicht, was als nächstes kommt«. Der Abschnitt, der »Ich weiß nicht« heißt, ist wie ein Wartezimmer, in dem wir die hohe Kunst der Hingabe erlernen, der Hingabe an das, was ist, damit wir uns für das öffnen können, was sein könnte.

Aber selbst wenn wir nicht wissen, was wir wollen und wohin wir gehen, hilft uns die Tatsache, dass wir die Wahl haben, unseren Geist und unser Herz offen zu halten. Als ich von dem Ritual nach Hause kam, las ich eine meiner Lieblingsgeschichten über Frauen noch einmal. Als weise Parabel gibt sie eine Antwort auf die uralte Frage: »Was wollen die Frauen?« Sie erfüllte mich mit Dankbarkeit dafür, dass, ungeachtet der Herausforderung, welche die Gleichberechtigung für viele Frauen noch darstellt, so viele von uns eine Art von Souveränität über ihr Leben haben, die es nur in dieser modernen Kultur gibt. Wie wir unser geschäftiges Leben führen, liegt ganz bei uns, aber wenigstens haben wir die Wahl. Die Parabel wurde Mitte des 15. Jahrhunderts aufgezeichnet und heißt *Die Hochzeit von Sir Gawain und Lady Ragnell.* Erlauben Sie, dass ich sie hier mit eigenen Worten für Sie wiedergebe:

> Eines Tages war König Artus auf der Jagd. Gerade hatte er mit einem Pfeil von seinem mächtigen Bogen einen Hirsch getötet, als ein drohender Ritter hinter den Büschen auftauchte. Dieser Ritter, Sir Gomer Somer, beschuldigte König Artus, er habe seine Ländereien genommen und sie an Sir Gawain, einen Ritter der Tafelrunde gegeben. Sir Gomer Somer war voll bewaffnet und für einen tödlichen Kampf ausgerüstet, aber die Regeln des ritterlichen Verhaltenskodex verboten ihm, den unbewaffneten König zu erschlagen. Stattdessen bot er Artus einen Handel an: »Wenn du in genau zwölf Monaten so wie du bist wieder hierherkommst und mir die richtige Antwort auf die Frage ›Was will eine Frau wirklich?‹ gibst, schenke ich dir das Leben. Andernfalls kostet es dich den Kopf.«
>
> Nach den ritterlichen Regeln hatte Artus keine andere Möglichkeit, als die Herausforderung anzunehmen. Ver-

wirrt und betrübt ritt Artus zurück zu seinem Schloss, aber sein guter Freund, Sir Gawain, versprach ihm zu helfen. Sie beschlossen, in verschiedene Richtungen zu reiten und jeden Mann und jede Frau, die sie trafen, um eine Antwort auf diese Frage zu bitten. Alle Antworten wurden in Bücher geschrieben, welche die Männer mit sich führten, und bald waren es sehr, sehr viele. Manche Menschen dachten, dass die Frauen schöne Kleider wollten. Andere sprachen von Heirat, vom Umworbenwerden oder von lüsternen Affären. Mittlerweile waren elf Monate vergangen. König Artus verzweifelte allmählich, weil er tief in seinem Innern wusste, dass er und Gawain die richtige Antwort noch nicht gefunden hatten.

Er beschloss, im Herzen des Inglewood Forest nach Weisheit zu suchen, und hatte dort eine seltsame und erschreckende Begegnung mit der hässlichsten Frau, die er je zu Gesicht bekommen hatte. Sie war wirklich ein Wunder an Scheußlichkeit. Ströme von Rotz liefen aus ihrer Nase. Ihr Mund war voller Fangzähne, groß wie die eines Wildschweins. Trübe Augen quollen wie Bälle aus ihrem Gesicht. Sie hatte einen Buckel, Schultern so breit wie Felsbrocken, einen Körper wie ein riesiges Fass, Haare wie ein Vogelnest und Brüste, von denen der Autor sagt, sie wären eine schwere Last für ein Pferd gewesen. Es gab einfach keine Worte, die hinreichend hätten beschreiben können, wie widerwärtig sie aussah. Und doch saß diese hässliche Frau auf einem Pferd, das mit Gold und Silber geschmückt und einer Königin würdig war.

Mit größter Selbstverständlichkeit stellte sie sich als Lady Ragnell vor. Sie wusste alles über Artus' Suche und auch darüber, dass ihm der Tod sicher war, wenn er keine

Antwort auf die Frage geben konnte, was Frauen wirklich wollen. Sie bot dem König einen schwierigen Handel an. Sie war bereit, ihm die Antwort auf seine Frage zu geben und seinen Kopf zu retten. Doch als Gegenleistung wollte sie den schönen, galanten, ritterlichen, moralisch aufrechten und in jeder Hinsicht unübertroffenen Sir Gawain zum Ehemann. König Artus war entsetzt, willigte aber ein, seinen Freund von dem Vorschlag zu unterrichten und mit einer Antwort wiederzukommen.

Artus erzählte Gawain von der seltsamen Begegnung und dachte, es sei wohl besser, sich selbst zu töten, als seinen Freund die scheußliche Lady Ragnell heiraten zu lassen und ihn damit einem schrecklichen Schicksal auszuliefern. Aber Gawain war ein Muster ritterlicher Tugend. Er wusste, dass fast ein Jahr des Suchens nach einer Antwort auf die Frage »Was will eine Frau wirklich?« nicht das richtige Ergebnis gebracht hatte. Der tapfere Ritter bestand darauf, die Hexe zu heiraten, um die Antwort zu bekommen und des Königs Leben zu retten.

In nur wenigen Tagen sollte König Artus Sir Gomer Somer treffen. Und entweder hatte er eine Antwort auf die leidige Frage oder er würde mit Sicherheit seinen Kopf verlieren. Als er sich auf den Weg zu der verhängnisvollen Begegnung mit seinem Schicksal machte, wartete Lady Ragnell im Wald auf ihn – wie sie es versprochen hatte. Nachdem sie das Versprechen hatte, dass Sir Gawain sie zur Frau nehmen würde, beantwortete sie die Frage. Frauen begehren weder Schönheit noch Vergnügen noch Sex oder viele Männer, erklärte sie. Wir möchten immer als frisch und jung gesehen werden, als unschuldig. Aber das ist noch nicht alles. Was Frauen wirklich wollen, ist Souveränität – wir möchten genau das gleiche Recht, über uns selbst und unsere Beziehungen zu Männern zu bestimmen, das ein Ritter bei allem, was er tut, hat.

König Artus ritt zu seinem verabredeten Treffen mit Sir Gomer Somer, der schon begierig darauf wartete, die falsche Antwort zu hören und ihm den Kopf abzuschlagen. Der König zog die beiden Bücher hervor, die er und Gawain voll geschrieben hatten. Gomer lachte und erklärte den König für einen toten Mann. Doch dann verriet Artus ihm, dass er die einzige, die wahre Antwort hatte: Eine Frau will Souveränität.

Sir Gomer Somer war empört. »Du hast mit meiner Schwester gesprochen, mit dieser scheußlichen Hexe Ragnell! Sie hat dir die Wahrheit gesagt«, zischte er. Und mit dieser enttäuschten und wütenden Bemerkung ließ er König Artus gehen.

Der König ritt davon und traf Lady Ragnell bald wieder am Wegesrand. Sie wollte ihren Preis haben, den schönen Gawain. Artus und die Hexe ritten Seite an Seite zurück an den Hof nach Camelot. Er schämte sich, mit einer so scheußlichen Kreatur gesehen zu werden, und fühlte sich gedemütigt, aber sie schämte sich vor niemandem. Alle, die am Hof versammelt waren, reckten die Hälse, um einen Blick auf die schreckliche Hexe zu werfen, auf ihre wässrigen Glubschaugen, ihre in alle Richtungen stehenden Zähne, ihre Lippen, die wie Geschwülste auf ihrem Kinn lagen, und ihre Warzen, aus denen borstige Haare sprossen. Gawain kam geradewegs heraus, um sie zu begrüßen und hielt sein Wort, indem er der hässlichsten Frau auf Erden die Treue versprach. Königin Ginevra und alle Hofdamen warfen einen Blick auf sie und weinten um den guten Gawain. Die anderen Ritter waren entsetzt, als sie hörten, dass er diese über alle Maßen grauenhafte Kreatur heiraten würde.

Die Hofdamen schlugen Lady Ragnell eine stille Hochzeit im Familienkreis vor, um ihr die Peinlichkeit zu ersparen, im Mittelpunkt eines öffentlichen Spektakels zu stehen. Aber sie wollte nichts davon wissen. Sie wollte in der Kirche heiraten und in Anwesenheit des gesamten Hofstaats. In einer Pracht, welche selbst die von Ginevra übertraf, wurde sie getraut. Nach der Trauung gab es ein großes Fest und Lady Ragnell saß am Ende der Tafel, machte sich rüde über alles Essbare her und benahm sich wie ein Schwein am Futtertrog. Sie aß wie eine ganze Armee Männer und tranchierte das Fleisch mit ihren acht Zentimeter langen Fingernägeln. Der Anblick war so ekelhaft, dass niemand neben ihr sitzen wollte.

Nach dem Fest zogen sich Braut und Bräutigam in ihre Gemächer zurück, um – Gipfel des Horrors – die Hochzeitsnacht miteinander zu verbringen. »Wirst du mich küssen, Gatte?«, fragte Ragnell Gawain, während sie Fleischreste aus ihren Haaren und von ihren dicken Lippen wischte.

»Ich werde noch viel mehr tun, meine liebe Frau«, versprach Gawain. Doch als er sich zu ihr umwandte … stand die schönste Frau vor ihm, die er je gesehen hatte.

»Wer bist du?«, stammelte er verwirrt.

Lady Ragnell erzählte ihm, dass ihre böse Stiefmutter sie mit einem Fluch belegt hatte. Bei Nacht hatte sie ihre schöne eigene Gestalt und bei Tag war sie eine hässliche Hexe. Sie ließ Gawain die Wahl. Wenn er wollte, konnte sie bei Nacht hässlich sein und schön am Tag, wenn andere sie sahen. Oder sie konnte am Tag vor anderen hässlich und nachts im Bett nur für ihren Mann schön sein. »Wähle, was für deine Ehre am wichtigsten ist«, sagte sie.

Gawain dachte eine Weile nach und antwortete schließlich, dass er diese Wahl nicht treffen konnte. Es war ihr Körper, ihr Leben und ihre eigene Wahl, die niemand anders treffen konnte. Das schwor er bei Gott.

Lady Ragnell antwortete, er sei der beste und am meisten gesegnete unter allen Rittern. Indem er ihr Souveränität gab, löste er den Fluch, mit dem ihre böse Stiefmutter sie vor Jahren belegt hatte. Fortan konnte sie immer schön sein.

Doch das ist noch nicht das Ende der Geschichte. Gawain liebte und verehrte seine Frau. Sie hatten zusammen einen Sohn, der später ebenfalls ein Ritter der Tafelrunde wurde. Doch nach fünf Jahren verließ Lady Ragnell, die schönste Frau ganz Britanniens, ihren Gatten. Wohin sie ging und was sie dort gemacht hat, wissen wir nicht. Aber wenn wir Souveränität über uns selbst haben, sind wir frei, unserer inneren Führung zu folgen und uns ein Leben zu schaffen, das aus dem Rahmen fällt – selbst wenn das bedeutet, dass wir nicht das leben, was sich andere Menschen unter einem Happy End vorstellen.

22

Das Netz, das die Welt zusammenhält

Eines Tages sitze ich am Computer und arbeite das Programm für ein Seminar zum Thema Heilung aus. Es ist ein schwieriger Tag, einer von denen, an denen ich mich frage, ob das, was ich tue, wirklich von irgendeiner Bedeutung für die Welt ist. Ich bin müde. Ich bin so viel gereist und völlig fertig. Der nur zu bekannte Gedanke, dass ich vielleicht besser im Verdienen meines Lebensunterhalts als im Leben selbst bin, nagt an mir. Vielleicht ist es an der Zeit, alles einzupacken, denke ich, und die nächste Generation weitermachen zu lassen. Vielleicht habe ich den Zenit überschritten und muss jetzt etwas anderes machen. Immerhin habe ich Freunde, die ganz gut vom Immobiliengeschäft leben. Eine dritte Karriere wäre vielleicht die rettende Idee. Ich bin unruhig und fühle mich unbehaglich. Also beschließe ich, meine E-Mails durchzusehen – eines der kleinen Ablenkungsmanöver, die das Leben so bietet.

Wie viele Frauen lese ich meine privaten E-Mails vor den geschäftlichen. Man weiß nie, welche kleinen Geschenke einem über das elektronische Netz gemacht werden. An diesem Tag ist es ein Schatz. Therese Schroeder-Sheker, eine Freundin und Kollegin, hat sich Zeit von ihrem geschäftigen Leben genommen, um mir die Geschichte einer Frau zu schicken, die in einem ihrer Seminare über Musik und Heilung aufgetaucht war. Vor einigen Jahren hatte ich in derselben Stadt einen Workshop gegeben und eben diese Frau hatte daran teilgenommen. Ich hatte mich damals auf Theresas Arbeit als Hebamme für die Seelen sterbender Menschen bezogen und etwas von ihrer ergreifend schönen Musik gespielt: Harfe und Gesang.

Thereses Album *Rosa Mystica* enthält eine Auswahl lyrischer Musik des Mittelalters, die dem Göttlich-Weiblichen geweiht ist. Es ist meine liebste CD. Seit Jahren unterrichtet Therese Menschen in der Kunst, mit Sterbenden zu arbeiten, ursprünglich im Krankenhaus und jetzt in einer unabhängigen Klinik mit Institut[18]. Ihre gut recherchierten Studien zeigen, dass Musik, die nach dem physiologischen Zustand der Patienten ausgewählt wurde, ihre Schmerzen deutlich verringern und sie beruhigen kann. In den letzen Momenten kann sie ihnen beim Loslassen helfen und ihnen einen friedlichen Tod schenken.

Die Frau, die an meinem Workshop teilgenommen hatte, war sofort losgegangen und hatte sich *Rosa Mystica* gekauft. Sie erzählte Therese, dass der Besuch meines Workshops ein Wendepunkt in ihrem Leben gewesen sei, auch weil sie dort von Thereses Arbeit erfahren hatte. Ermutigt durch das, was sie von uns gelernt hatte, war sie in der Lage gewesen, sich die Wunden ihrer Vergangenheit anzuschauen und Schmerz in Weisheit und Wachstum zu verwandeln. Ohne es zu wissen hatten wir beide etwas Entscheidendes im Leben dieser Frau verändert. Was für ein Netz wir spinnen und auf welch vielfältige Weise alles darin voneinander abhängt, wissen wir gar nicht. Ich schickte Therese eine Antwort-Mail:

»Danke, dass du mich daran erinnert hast, dass wir durchaus etwas verändern. Es passiert so leicht, dass man unterwegs ausbrennt, zum Beispiel am Computer, während man den endlosen Kleinkram erledigt, der einem manchmal so überwältigend vorkommt. Und das mit dem Ausbrennen meine ich ernst. Es gab Zeiten, zu denen ich größte Lust hatte, meine Zelte hier abzubrechen und einfach im örtlichen Supermarkt arbeiten zu gehen. Meine Seele fühlte sich schwer wie Blei an. Das Gute daran ist, dass das Leiden normalerweise ein Tor zu etwas Tieferem ist. Aber zu einem hohen Preis. Und ich frage mich, ob es mir gelungen wäre, einige dieser ausgebrannten Phasen zu überstehen, wenn ich meine guten Freunde nicht gehabt hätte … Wie kostbar es ist, wenn man sich gegenseitig den Spiegel hinhalten und sagen kann: ›Hier, schau genau hin. Jenseits des ganzen Blödsinns im Leben und jenseits deiner Persönlichkeit, die dich manchmal runterziehen kann, liegt die wahre Essenz dessen, was du bist. Es ist so schön. Du bist ein Geschenk der reinen Gnade. Du bist ein Tor zur göttlichen Präsenz.‹ Und das bist du auch, meine liebe Schwester.«

Später am Tag schickte Therese eine Antwort-Mail:

»Liebe Joan, meine Güte, das ist wie eine Infusion für das Herz. Danke auch, dass du mir von den Momenten erzählt hast, in denen du dich fragst, ob du nicht einfach alles an den Nagel hängen sollst. Das hilft mir so sehr. So oft habe ich mir Sorgen darüber gemacht, dass offenbar alle außer mir den Dreh heraushaben, wie man trotz betäubender und behindernder Widrigkeiten strahlt … und nun zu wissen, dass auch du (und vielleicht wir alle) viel gelitten hast, dass du geschwächt und ausgelaugt warst ... und doch beharrlich geblieben bist ... damit hast du mir ein großes Geschenk gemacht ... Du bist mir lieb und teuer. Ich danke dir für alles und Gott segne dich ... mögen Unsichtbare und Heilige auf besondere Weise für dich sorgen, als stündest du in einem Regen aus Alchimistengold ... am Tag und in der Nacht ... wenn du wach bist und wenn du schläfst, beim Schreiben und beim Lehren, in der Stille und unter Freunden.«

Ich sicherte Thereses E-Mail in meinem Computer-Ordner »Besondere Schätze«. Dann druckte ich sie aus und las sie noch einmal. Ich drückte sie an mein Herz. Sich gegenseitig die Wahrheit zu sagen, ist so erleichternd. Ich fühlte, wie sich meine Schultern entspannten, als ich mir erlaubte, sowohl meine Gebrochenheit zu fühlen als auch die Ganzheit, die wie eine Perle knapp unter der Oberfläche liegt. Ich las Thereses Segensspruch wieder und wieder:

Mögen Unsichtbare und Heilige
auf besondere Weise für dich sorgen,
als stündest du in einem Regen aus Alchimistengold,
am Tag und in der Nacht,
wenn du wach bist und wenn du schläfst,
beim Schreiben und beim Lehren,
in der Stille und unter Freunden.

Der großzügige Segen meiner Freundin hat durch die elektronische Übermittlungsmethode nichts von seiner Kraft verloren. Er war ebenfalls eine Infusion für mein Herz und hat das zerschlissene Gewebe meines Glaubens an das Mysterium des Lebens neu gewebt. Ich habe ihn ausgedruckt und über meinen Computer gehängt, von wo seine besondere Ausstrahlung meine Seele wärmt und mich daran erinnert, dass ich sehr wohl etwas in dieser Welt verändern kann. Ich kann aufblicken zu ihrem Segensspruch, lächeln und mich ausatmend an den Ort begeben, an dem ich wieder ganz bin.

Frauen weben die Welt jeden Tag neu. Es ist so etwas wie eine unsichtbare Reparatur. Wenn es hart wird für Freunde, in der Familie, in der Nachbarschaft und in Zeiten des kulturellen Aufruhrs, funktioniert das Netzwerk der Frauen wie der Klebstoff, der alles zusammenhält. Mit Klebstoff ist das so, dass er unsichtbar ist und seine Aufgabe erfüllt, ohne auf sich selbst aufmerksam zu machen. Man weiß nie, dass er da ist, aber ohne seine Fähigkeit zu halten und zu heilen würde die Gesellschaft auseinander fallen.

Meine Freundin Oriah Mountain Dreamer hat mehrere Bücher geschrieben, die voll sind von lyrischer Schönheit und einer Wahrheit, die ihrer unbeugsamen Bereitschaft, präsent zu bleiben, entstammt, der Bereitschaft, das Herz offen zu halten und auf das zu achten, was sich im eigenen Innern abspielt, selbst wenn es schwierig wird und das Leben unruhig ist. In ihrem Buch *Die Einladung* schreibt sie, wie unwichtig es ist, wer wir sind oder wie viel Geld wir haben. Was sie interessiert, schreibt sie in dem Eingangsgedicht zu diesem Buch, das sich über das Internet in Lichtgeschwindigkeit von Frau zu Frau verbreitete: »Ob du nach einer Nacht der Trauer und der Verzweiflung, erschöpft und bis auf die Knochen zerschlagen aufstehen kannst, um zu tun, was getan werden muss, damit deine Kinder zu essen haben.«[19] Das haben Frauen seit Anbeginn der Zeit getan. Wir tun es für die Kinder, wir tun es für die Männer, wir tun es für einander.

Die Kranken besuchen; einer trauernden Familie, die gerade einen Angehörigen verloren hat, Essen bringen; Kinder und Enkel hüten; sich frei nehmen, um einen sterbenden Elternteil zu pflegen; ein spontanes Ritual zu Ehren der jungen Männer veranstalten, die in ihrem Wohnviertel auf der Straße erschossen wurden – das alles sind ungerühmte aber lebenswichtige Dinge, die Frauen tun. Von solchen Aktionen steht nichts in den Geschichtsbüchern, aber ohne sie wäre die Welt ein Körper ohne Herz.

Eines meiner Lieblingszitate stammt von Mutter Theresa: »Wir können keine großen Dinge tun«, sagte sie, »nur kleine Dinge mit großer Liebe.« Und am Ende eines Tages liegt der Wert dessen, was wir erreicht haben, wahrscheinlich eher im Bereich dieser kleinen Dinge. Indem wir diese Dinge tun, machen wir Liebe sichtbar und das Herz der Welt schlägt weiter.

23

Morgensegen

Jeder Tag wird ganz neu geboren und ist eine kostbare Gelegenheit, mit offenem Herzen und offenem Geist zu leben. Heute können Sie Ihr Leben zur Freude und zum Segen für sich und andere machen. Es ist die einzige Zeit, die Sie haben. Gestern ist Vergangenheit und Morgen ist nur ein Traum. Viele Menschen haben es sich zur Gewohnheit gemacht, ihren Tag mit einer Zeit des Gebets und der Inspiration zu beginnen. Ob Sie fünf Minuten oder eine Stunde damit verbringen wollen, spielt keine Rolle, aber ein Morgenritual feiert das Geschenk des Lebens und hilft Ihnen, im Laufe Ihres geschäftigen Tages in Ihrer Mitte zu bleiben. Ein Gebet, und wenn es auch nur kurz ist, trägt den Duft Ihrer Seele in eine Welt, die nur darauf wartet. Das süße und mächtige Geschenk des Friedens geht von Ihnen auf alle Geschöpfe über.

Das folgende Morgengebet habe ich von meiner lieben Freundin Hong, einer der meist beschäftigten Frauen, die ich kenne. Ihre Essenz ist reines Licht und reine Sanftheit, obwohl sie unermüdlich in einem sehr großen Stadion, also in einer Männerwelt, arbeitet. Wenn ich einen Vortrag mit diesem Gebet beginne, sind Menschen aus allen Gesellschaftsschichten bewegt von den Worten, die über alle Grenzen hinausgehen und uns alle wie ein Wesen im heiligen Herzen des Lebens zusammenbringen. Während Sie dieses schöne Gebet sprechen, können Sie, wenn Sie möchten, die Hände über Ihrem Herzen zusammenlegen und sich vor der göttlichen Präsenz verneigen, die überall ist, in allen Dingen und in allen Menschen. Vielleicht möchten Sie auch eine Kerze anzünden, weil Ihr Gebet ein Akt der Schönheit ist, der das Licht in der Welt vermehrt.

Heute morgen grüße ich Mutter Erde, Vater Himmel
Und die Kraft des Lebens in ihrer ganzen Schöpfung.

Heute morgen grüße ich meine Brüder und Schwestern
Hier und in der ganzen Schöpfung.

Heute morgen grüße ich die sichtbare Welt
in all ihrer Schönheit
Die unsichtbare Welt in ihrer Rätselhaftigkeit
Und die Zyklen der Schöpfung und der Auflösung.

Heute morgen grüße ich den Atem, der mich atmet,
Das Mitgefühl, das mich aufrecht erhält,
Und die Liebe in meinem Herzen.

Dies ist ein Gebet
Für die Freiheit aller Wesen.

Nachwort

Schwestern auf einer Reise

Ich wünschte, wir könnten zusammensitzen und uns bei einer Tasse Tee über unser geschäftiges Leben unterhalten. Sie erzählen mir von Ihren Herausforderungen und Inspirationen – von den vielen Malen, die Sie auf den Bauch gefallen und wieder aufgestanden sind – und ich erzähle Ihnen von meinen. Ermutigt durch das, was wir miteinander teilen, können wir die Dinge vielleicht leichter nehmen und über manche Phasen, in denen wir unser bestes Selbst verloren haben, einfach lachen. Die Erinnerung an die Momente, in denen wir in unsere Mitte zurückgekehrt sind, könnte uns ebenfalls wertvollen Gesprächsstoff liefern. In der Wärme, die wir uns geben, indem wir einander Gesellschaft leisten, können sich unsere Herzen füreinander öffnen.

Es wäre vermutlich kein guter Tag für Wimperntusche, denn unsere Augen würden überfließen vor Tränen sowohl des Kummers als auch der Freude. Genau so reizvoll und chaotisch ist das Leben, gleichermaßen voll von Schmerz und Anmut. Diese beiden Gesichter des menschlichen Erlebens sind die zwei Seiten der einen Medaille der Weisheit. Also würden wir, indem wir einander tief in die Augen schauen, erkennen, dass wir die Weisheit die ganze Zeit in Händen gehalten haben. Was gibt es zu suchen? Wir kennen die Antworten bereits. Unsere Gesichter würden weicher werden und wir würden uns entspannen, unsere Schultern sinken lassen und unseren Bauch lockern. Wir würden uns selbst in unseren jeweiligen Geschichten wieder erkennen, wie Frauen es seit Anbeginn der Zeit getan haben. Das wäre Nahrung für die Seele. Es würde uns den Mut geben, den wir brauchen, um dem Geheimnis zu vertrauen, während wir in unserem geschäftigen Leben Tag für Tag die bestmögliche Wahl treffen.

Ich hoffe, dass dieses Buch gleichermaßen Nahrung für Ihre Seele und Ihren Geist war. Und obwohl wir nicht die Chance hatten, Tee miteinander zu trinken, werden Sie vielleicht genau das mit einer Freundin oder in einer Gruppe von Freundinnen tun. Und vielleicht werden Sie dann über Ihr Leben sprechen und über einige der Dinge, die Sie in diesem Buch gelesen haben. Viele Jahre lang war ich Teil einer Frauengruppe. Wir trafen uns regelmäßig, um die Wahrheit über unsere Leben vor einem Hintergrund zu diskutieren, wie ich ihn in diesem Buch für Sie zu schaffen versucht habe. Diese Frauen waren meine Rettung. Sie waren meine Schwestern auf der Reise und gingen mit mir durch dick und dünn.

Es ist einfach, eine Frauengruppe zu gründen. Wenn Sie auch nur eine Freundin haben, kann diese vermutlich eine oder zwei andere Frauen vorschlagen, die sich Ihnen anschließen möchten. Diese Frauen können wieder Freundinnen mitbringen, und schließlich kann eine Gruppe von sechs bis acht Frauen sich zu treffen beginnen, einmal pro Woche, einmal pro Monat oder in welchem Abstand es allen angenehm erscheint. Ich weiß, Sie sind alle viel beschäftigt, sonst hätten Sie dieses Buch erst gar nicht in die Hand genommen. Aber sich regelmäßig mit einer Gruppe von Frauen zu treffen, die alle das Anliegen haben, Arbeit, Familie und ihr inneres Leben unter einen Hut zu bringen, ist eine wunderbare Art, die eigene Mitte zu finden. Immerhin ist es eine weibliche Art.

Und wenn Sie zusammensitzen und sich gegenseitig Ihre Geschichten erzählen, sollten Sie sich daran erinnern, dass Sie zwei Paar Augen haben. Sie können Ihr Leben – die Stellen, an denen es schwierig oder aus dem Gleichgewicht ist oder wo Sie die falsche Abzweigung auf dem Weg genommen haben – mit den Augen des Bedauerns sehen. Wenn Sie das tun, werden diese Augen niemals aufhören zu weinen. Aber wenn Sie, nachdem Sie eine Zeitlang geweint haben, die Idealvorstellung loslassen können, dass das Leben perfekt sein muss, können Sie mit den Augen der Gnade zu sehen beginnen. Diese Augen sehen, dass jedes Erlebnis die Saat der Weisheit enthält… und sie wissen, dass der beste Ort, um aufzuwachen und wieder zu sich nach Hause zu kommen, immer da ist, wo Sie sich gerade befinden.

Dank

Mein aufrichtigster Dank geht an all die Frauen, die im Laufe der Jahre an meinen Retreats und Workshops teilgenommen haben. Als Schwestern auf der Reise habt ihr so viel zu meinem Leben beigetragen, auch wenn sich unsere Wege nur kurz gekreuzt haben mögen. Die Einsichten vieler lieber Kolleginnen, mit denen ich im Rahmen von Frauenprogrammen zusammengearbeitet habe, haben Eingang in dieses Buch gefunden. Zu diesen weisen Frauen gehören Elizabeth Lawrence, Janet Quinn, Loretta LaRoche, Joan Drescher, Jan Maier, Anna DiSarcina, Karen Drucker, Lili Fournier und Mary Manin Morrissey, um nur einige zu nennen. Es gibt viel mehr von euch, und ihr wisst, wer gemeint ist.

Janet Quinn hat mir geholfen, sehr schwierige Zeiten durchzustehen. Ihre Liebe und ihre Weisheit prägen mein Leben ebenso wie meine Arbeit. Das Gedicht im Vorwort »Eine Frau sagt die Wahrheit« wurde inspiriert von Janets Buch *I Am a Woman Finding My Voice: Celebrating the Extraordinary Blessings of Being a Woman.*

In dem Buch, das Sie gerade gelesen haben, steckt viel von Loretta LaRoches Leichtigkeit und absoluter Ehrlichkeit – einschließlich des Gedankens, dass man besser leben würde, wenn man sich immer vor Augen hielte, was man gern auf seinem Grabstein lesen würde.

Luzie Mason und Kathleen Gilgannon, meine ständigen Mitarbeiterinnen, hielten sozusagen meine Hand, während ich dieses Buch schrieb. Sie waren Resonanzkörper, Förderer und wahre Freundinnen in jeder Beziehung. Luzie sorgt dafür, dass ich immer bestens organisiert und auf dem Laufenden bin. Von Kathleen lerne ich fast täglich drei wichtige Lektionen: (1) Halte Kontakt mit dem Geistigen, (2) folge deiner inneren Stimme und (3) geh ganz sanft mit dir selbst um.

Brook Eddy ist eine starke Verbindung zur Welt der jungen Frauen. Sie ist für ihr Alter sehr weise und ich bin sehr dankbar für ihre Ansichten. Andrea Cohen hat Pausen und Rituale, Lachen und Weisheit, Forschungsergebnisse und eine Einkaufspartnerschaft beigetragen. Meine Freundin Sara Davidson gab mir handfeste Unterstützung und las dieses Buch mit den Augen der begeisterten Schriftstellerin.

Und das ist für meinen Freund Adam Engle: Danke, dass du mir Mut gemacht hast, in Harmonie zu leben, selbst als die gewaltige Mühe, dieses Buch zu schreiben, mich fast an meinen eigenen Worten ersticken ließ. Für Justin und Andrei, meine Söhne, und für meine Herzenstochter Natalia: Ich liebe euch so sehr. Ihr seid mein Erbe und meine Freude. Danke, dass ihr mir erlaubt, ein paar unserer Familiengeschichten hier zu erzählen. Ich hoffe, dass ich ihnen gerecht geworden bin.

Deutschsprachige Bücher von Joan Borysenko

Ich habe insgesamt elf Bücher über Psychologie, Geist-Körper-Medizin, weibliche Gesundheit und Spiritualität geschrieben. Sechs davon (dieses eingeschlossen) wurden bisher ins Deutsche übersetzt. Die Teilnehmer an meinen Seminaren bitten mich oft, ein wenig über den Inhalt der Bücher zu erzählen und über die Reihenfolge, in der sie geschrieben wurden. Dies ist eine chronologische Auflistung meiner bisher in deutscher Sprache erschienenen Bücher:

Gesundheit ist lernbar, Scherz, München, 1989 (Taschenbuch: Droemer Knaur, 1991)
(Minding the Body, Mending the Mind)

Dieser New York Times-Bestseller ist ein Klassiker zum Thema Geist-Körper-Medizin, der heute noch immer so wertvoll ist wie zur Zeit seiner ersten Veröffentlichung. Hier erfahren Sie etwas über Gedankenkontrolle, Meditation, richtiges Atmen, Reframing, die Wirkung von Optimismus und Pessimismus und über die Arbeit mit der Kraft der Imagination. Dieses Buch ist einfach und leicht zugänglich geschrieben und enthält eine Anleitung zur Selbsteinschätzung Ihres Stresslevels und Ihrer körperlichen Symptome, anhand derer Sie nachvollziehen können, was sich verbessert hat.

Ich bin wie ich bin. Wie man sich von falschen Schuldgefühlen befreit und ein gesundes Selbstwertgefühl entwickelt, Scherz, München, 1992
(Guilt Is the Teacher, Love Is the Lesson)

In diesem Buch geht es um die Heilung von Verletzungen aus der Kindheit und darum, einen spirituellen Sinn im eigenen Leben zu entdecken. Wenn Sie sich schuldig fühlen, Angst vor Ihrer eigenen Wut haben, ein Perfektionist sind oder das übermäßige Bedürfnis haben, anderen alles recht zu machen, kann dieses Buch Ihnen helfen, heil und authentisch zu werden. Es eignet sich auch für Menschen, die von religiösen Ängsten und Schuldgefühlen heimgesucht werden.

Feuer in der Seele, Bauer, Freiburg, 1996
(Fire in the Soul)

Dieses Buch ist mir von allen Büchern, die ich geschrieben habe, das liebste, weil ich im Laufe der Jahre so viele Dankesbriefe dafür bekommen habe. Wenn Sie mit Glaubensfragen ringen, spirituelle Führung suchen oder sich in einer schwierigen Lebenslage befinden, kann Ihnen dieses Buch sehr viel Einsicht und Trost geben. Für mich ist es so etwas wie ein Leitfaden in schwierigen Zeiten und ein Buch über Glauben zu allen anderen Zeiten. Man hat mir oft gesagt, dass dieses Buch Leben retten kann.

Ein Wunder täglich, Bauer, Freiburg, 1996
(Pocketful of Miracles)

Dieses Buch ist ein spiritueller Begleiter, der auf der Weisheit vieler Kulturen und unterschiedlicher religiöser Traditionen basiert. Es gibt einen Eintrag für jeden Tag des Jahres, der auf die Vorgänge in der Natur, den Jahreszyklus, die entsprechende Jahreszeit und die jeweiligen Feiertage abgestimmt ist. Jeder Eintrag besteht aus einem Kerngedanken zum Nachdenken und einem Gebet, einer Übung oder einer Meditation für den Tag. Viele Menschen benutzen dieses Buch seit Jahren als täglichen Begleiter.

Das Buch der Weiblichkeit, Kösel, München, 1998 (Taschenbuch: dtv, München, 2000)
(A Woman's Book of Life)

Dies ist ein Buch für jede Frau, denn es vollzieht unsere Entwicklung im Laufes eines ganzen Lebens nach. Ich habe es geschrieben, als ich 49 Jahre alt war und sozusagen an der Schwelle zu den Jahren der Weisheit stand. Daher bietet es einen frischen Blick auf Themen wie Wechseljahre, Altern, Intuition und die Art, wie wir in jedem Lebenszyklus ein Stück weiter wachsen.

Die Autorin

Joan Borysenko gehört zu den führenden Experten auf den Gebieten Stressbewältigung, Spiritualität und Verbindung zwischen Geist und Körper. Sie promovierte an der Harvard Medical School, praktizierte als klinische Psychologin und ist Mitbegründerin und ehemalige Leiterin der klinischen Geist-Körper-Programme am Beth Israel Deaconess Medical Center, das zur Harvard Medical School gehört. Zur Zeit ist Joan Borysenko Vorsitzende der Mind/Body Health Sciences, LLC und eine international bekannte Referentin und Beraterin in den Bereichen weibliche Gesundheit und Spiritualität, integrative Medizin und Verbindung zwischen Geist und Körper. Website: www.joanborysenko.com

Anmerkungen

1 Meinen monatlichen Online-Newsletter finden Sie auf meiner Website www.joanborysenko.com, wo auch bereits erschienene Ausgaben dieses Newsletters archiviert sind. Wenn Sie den Newsletter abonnieren wollen, schicke ich Ihnen jeden Monat eine E-Mail mit Link zum neuesten Newsletter. Auf meiner Website finden Sie auch Artikel und Tipps zum Thema »Innerer Friede in einer geschäftigen Welt«, eine Liste meiner Bücher und Meditationskassetten (die Sie auch online bestellen können) sowie die Terminvorschau für meine Workshops, Seminare und Retreats.

2 Der Begriff *time famine* (hier mit »Zeithunger« übersetzt) entstammt dem fruchtbaren Geist von Allison Pearson. Sie hat ihn in ihrem wunderbaren Roman *Working Mum* (Wunderlich im Rowohlt Verlag, Reinbek, 2003) benutzt. Ihre Art, die Wahrheit zu sagen, hat mich sehr inspiriert.

3 Sie finden den Song »Lighten Up« auf Karen Druckers CD *Beloved*, Tay Toones Music, BMI, 2002. Diese und andere CDs von Karen Drucker können Sie auch auf ihrer Website bestellen: www.karendrucker.com

4 Cathi Hanauer (Herausgeberin): *The Bitch in the House*, William Morrow, New York, 2002, Seite 162

5 Shelley Taylor: *The Tending Instinct*, Times Books, New York, 2002, Seite 25

6 David Richo: *How to Be an Adult in Relationships*, Shambhala, Boston und London, 2002. Seite 1

7 Elizabeth Berg: *Der Ruf des Mondes*, Goldmann, 1998, Seite 14

8 Ibid, Seite 12

9 Jon Kabat-Zinn, Klappentext zu *Stressbewältigung durch die Praxis der Achtsamkeit*, Buch mit Audio-CD, Arbor-Verlag, Freiamt, 1999

10 Burnout Prevention and Recovery: http://web.mit.edu/afs/athena.mit.edu/user/w/c/wchuang/News/college/MIT-views.html

11 Ursprünglich habe ich diesen Satz im Internet gelesen, und zwar in Cone, W.: Beating Burnout, Health Science Seminars, 1999. Website: http://www.healthscienceseminars.com/HSC/burnout.html. Leider steht diese Website nicht mehr zur Verfügung.

12 Diese und viele andere Zahlen, die in diesem Kapitel genannt werden, stammen von Financial Freedom, gesponsert vom C. O. E, Inc. Auf der Website dieser Organisation finden Sie nützliche Informationen, vom Erstellen eines Finanzplans, über den Abbau von Schulden, die Erziehung ihrer Kinder im Umgang mit Geld, Spenden bis hin zu vernünftigen Entscheidungen über größere Anschaffungen wie Häuser und Autos: www.coeinc.org.

13 »Spend Less, Live Better: Author Vicki Robin Tells How She Lives on $ 9000 A Year.« (Weniger ausgeben, besser leben: Autorin Vicki Robin erzählt, wie sie von $ 9000 im Jahr lebt.) Website: http://abcnews.go.com/ABC2000/abc2000living/Robin_chat-transcript.html

14 John M. Gottman und Nan Silver: *Die 7 Geheimnisse der glücklichen Ehe*, Ullstein TB, München, 2002, Seite 12

15 Susan Maushart: *Warum Frauen gerne heiraten und sich noch lieber scheiden lassen*, Ehrenwirth, Bergisch Gladbach, 2002, Seite 16

16 Das Konzept vom Ehemann als »ehrenamtlichem Mitarbeiter« (volunteer) wird ebenfalls in Mausharts Buch *Warum Frauen gerne heiraten und sich noch lieber scheiden lassen* diskutiert.

17 Susan Maushart: *Warum Frauen gerne heiraten und sich noch lieber scheiden lassen*, Seite 129

18 Informationen über Therese Schroeder-Sheker und ihre Arbeit bekommen Sie von: Vox Clamantis Institue and Clinic, P. O. Box 169, Mt. Angel, OR 97362.

19 Oriah Mountain Dreamer: *Die Einladung*, Goldmann, München, 2000